INFIERNO

"[En el Infierno] donde el gusano de ellos no muere,
y el fuego nunca se apaga. Porque todos serán salados con fuego,
y todo sacrificio será salado con sal."

(Marcos 9:48-49)

INFIERNO

Dr. Jaerock Lee

INFIERNO, por el Dr. Jaerock Lee
Publicado por Libros Urim (Presidente Seongnam Vin)
235-3, Guro-dong 3, Guro-gu, Seúl, Corea del Sur
www.urimbook.com

A menos que se indique lo contrario, todos los textos bíblicos han sido tomados de la Santa Biblia, versión Reina Valera, Revisión 1960 © Sociedades Bíblicas Unidas. Usada con permiso.

Derechos de autor © 2011 por Dr. Jaerock Lee
ISBN: 978-89-7557-470-2 (03230)
Traducido al inglés por Dra. Esther K. Chung. Usado con permiso.

Publicado en coreano en el año 2002 por Libros Urim, Seúl, Corea del Sur

Primera publicación: septiembre 2011

Edición en coreano por: Dra. Geumsun Vin
Traducido al español por: Rev. Martín Álvarez
Edición en español por: Lic. Elena de Medina
Diseño por: Editorial de Libros Urim
Impreso por: Yewon Printing Company
Para mayor información contáctese a urimbook@hotmail.com

Prólogo

Anhelo que este libro sirva como el pan de vida que conduzca a infinidad de almas al bellísimo Reino de los Cielos, haciéndoles ver y comprender el amor de Dios, quien quiere que todos reciban la salvación...

Hoy, cuando las personas escuchan acerca del Cielo y del Infierno, la mayoría de ellas responde negativamente, alegando: "¿Cómo puedo creer en tales cosas en esta época en la que vivimos en una sociedad y civilización científica?" O preguntan: "¿Acaso alguien alguna vez ha estado en el Cielo o en el Infierno?" O "sólo podremos saber de estas cosas después de la muerte".

De antemano usted debe saber que hay vida después de la muerte. Será demasiado tarde saberlo en el momento en que exhale su último suspiro. Luego del último aliento en este mundo, nunca más tendrá otra oportunidad de vivir otra vez. Sólo esperará el Juicio de Dios, por el cual, cosechará lo que haya sembrado en este mundo.

A través de la Biblia, Dios ya nos ha revelado el camino de la salvación. Igualmente, nos ha dado a conocer la existencia del Cielo y del Infierno, y que habrá un Juicio que se llevará a cabo conforme a Su Palabra. Dios ha manifestado portentosas obras producto de Su innegable poder a través de muchos profetas en el Antiguo Testamento y por medio de Jesús.

Incluso hoy, Dios prueba que está vivo y que la Biblia es verdadera al manifestar milagros, señales, y otras maravillosas obras de Su poder mencionadas en la Biblia, efectuadas por Sus más leales y fieles siervos. A pesar de esta irrefutable evidencia de Su obrar y poder, aun así, hay quienes no creen. Por tanto, Dios ha revelado a Sus hijos el Cielo y el Infierno, y les ha dado la valentía para dar testimonio a todo el mundo de lo que han visto.

El Dios de amor también me reveló, de manera muy detallada, el Cielo y el Infierno y me instó a proclamar el mensaje de salvación al mundo entero, ya que la segunda venida de Cristo está muy cerca.

Cuando prediqué estos mensajes acerca de las aterradoras y repulsivas escenas en el Hades del Infierno, miré a gran parte de mi congregación estremecerse de angustia y estallar en lágrimas por las almas que estaban sufriendo esos terribles y crueles castigos en el Hades.

Las almas no salvas permanecen en el Hades solamente hasta que se realice el Juicio del Gran Trono Blanco. Después del Juicio, estas almas irán al lago de fuego o al lago de azufre. Los tormentos en el lago de fuego o en el lago de azufre son mucho más severos que los que se sufren en el Hades.

Estoy escribiendo lo que Dios me ha revelado a través del Espíritu Santo basado en la Palabra de Dios, en la Biblia. Este libro puede considerarse un mensaje de amor sincero de parte de nuestro Dios Padre, quien desea salvar del pecado al mayor número de almas que le sea posible, advirtiéndoles con antelación del eterno sufrimiento y desdicha que se padece en el Infierno.

Dios ha dado a Su único Hijo para morir en la cruz y así salvar a toda la humanidad. Además, desea hacer todo lo posible para evitar que incluso una sola alma vaya a ese espantoso y terrible lugar que es el Infierno. Dios considera un alma más valiosa que el mundo entero y, por lo tanto, se deleita y se complace en extremo, y celebra junto con las huestes celestiales y los ángeles cuando un pecador se arrepiente y es salvo por fe.

Toda la gloria y las gracias sean para Dios, quien me ha guiado a publicar este libro. Espero que, a través de su lectura, usted llegue a comprender el corazón de Dios, quien no quiere que ni un alma se pierda en el Infierno, y que del mismo modo, logre alcanzar la verdadera fe. Igualmente, le animo a proclamar valiente y diligentemente el Evangelio de salvación y de santidad a toda alma que vaya rumbo al Infierno.

Permítanme, asimismo, expresar mi profundo agradecimiento a la Casa Editorial Libros Urim y a todo su personal, en especial a Geumsun Vin, Directora del Departamento Editorial. Espero que todos aquellos que tengan la oportunidad de leer este libro, lleguen a darse cuenta del hecho que, indudablemente, hay una vida eterna después de la muerte y del Juicio, y que al entender esto alcancen la perfecta salvación.

Jaerock Lee

Prefacio

Ruego a Dios para que infinidad de almas puedan comprender la miseria del Infierno, se arrepientan, se vuelvan del camino que los conduce a la muerte, y lleguen a ser salvos.

El Espíritu Santo guió al Reverendo Dr. Jaerock Lee, Pastor Principal de la Iglesia Central Manmin, a discernir acerca de la vida después de la muerte y el horrible Infierno. Hemos recopilado sus mensajes, y hoy tenemos el honor de publicar el libro *INFIERNO*, cuyo propósito es hacer que el mayor número de personas lleguen a saber, con claridad y exactitud, acerca del Infierno. Doy toda la gloria y el agradecimiento a Dios.

Actualmente, muchas personas tienen curiosidad por saber si hay vida después de la muerte. Sin embargo, resulta imposible que obtengamos alguna respuesta concreta debido a la limitada capacidad del ser humano. Este libro es una descripción vívida y completa del Infierno, el cual ya nos ha sido parcialmente revelado en la Biblia. Esta obra consta de nueve capítulos.

El Capítulo 1, titulado "¿Existe en realidad el Cielo y el Infierno?", describe la estructura general del Cielo y del Infierno.

A través de la parábola del hombre rico y del mendigo Lázaro en Lucas 16, se explica el Alto Sepulcro, lugar donde las almas salvas desde el tiempo del Antiguo Testamento han estado esperando, y el Hades, donde las almas no salvas son atormentadas hasta el Gran Juicio.

En el Capítulo 2, "La salvación para los que nunca escucharon el Evangelio", se habla del juicio de conciencia. También se mencionan los criterios específicos de juicio citando numerosos casos como por ejemplo: De fetos no nacidos a causa del aborto inducido o del aborto involuntario, de niños menores de cinco años de edad, y de niños mayores de seis años hasta la preadolescencia.

El Capítulo 3, "El Hades y la identidad de los mensajeros del Infierno", proporciona más detalles sobre el lugar de espera en el Hades. Las almas, después de la muerte, permanecen durante tres días en este lugar de espera en el Hades y luego son enviadas a diferentes partes en el Hades de acuerdo a la gravedad de sus pecados, y allí son cruelmente atormentadas hasta el Juicio del Gran Trono Blanco. También se explica la identidad de los espíritus malignos que gobiernan el Hades.

El Capítulo 4, "Castigos en el Hades a los niños no salvos", menciona que incluso algunos niños inmaduros que no han sido capaces de distinguir entre lo bueno y lo malo no reciben salvación. Diversos tipos de sanciones son categorizadas por edades: Para los fetos y lactantes, bebés, niños de tres a cinco años, y niños de seis hasta los doce años de edad.

El capítulo 5, "El tormento para los que mueren después de la pubertad", explica las penalidades aplicadas a los que tienen una edad mayor a la adolescencia. Los castigos para cualquiera que tenga aproximadamente trece años se dividen en cuatro niveles de acuerdo a la gravedad de sus pecados. Mientras más grave sea el pecado, mayor será el tormento.

El Capítulo 6, "El tormento por la blasfemia contra el Espíritu Santo", recuerda al lector que tal como se menciona en la Biblia, hay ciertos pecados imperdonables, de los cuales uno no puede arrepentirse. Este capítulo también describe diversas clases de tormentos citando ejemplos detallados.

El Capítulo 7, "La salvación durante la Gran Tribulación", nos advierte que estamos viviendo los días finales y que la venida del Señor está muy cerca. Este capítulo explica detalladamente lo que ocurrirá en el momento de la venida de Cristo, y que las personas que se quedaron durante la tribulación solamente podrán recibir salvación a través del martirio. También le anima a que se prepare como la hermosa novia del Señor Jesús de modo que participe en el banquete de las Bodas de siete años, y para que no se quede después del Rapto.

El Capítulo 8, "Castigos en el Infierno después del Gran Juicio", da más detalles sobre el Juicio al final del Milenio, de cómo las almas no salvas serán llevadas del Hades, donde recibían las varias clases de castigos, al Infierno y del destino de los espíritus malignos así como de sus castigos.

El Capítulo 9, "¿Por qué tuvo el Dios de amor que crear el Infierno?", explica el abundante e inmenso amor de Dios, el cual fue demostrado a través del sacrificio de Su Único y Amado Hijo. El último capítulo explica en detalle por qué el Dios de amor tuvo que crear el Infierno.

Este libro también le anima a comprender el amor de Dios, el cual quiere que todas las almas reciban la salvación y mantengan una fe viva. *INFIERNO* concluye instándole a llevar a tantas almas como sea posible al camino de la salvación.

Dios está lleno de misericordia y compasión, y de amor mismo. Hoy, como el corazón de un padre que espera a que su hijo pródigo regrese, Dios está esperando con ansias que todas las almas perdidas se aparten del pecado y reciban la salvación.

Por lo tanto, de todo corazón espero que muchísimas almas alrededor del mundo comprendan que este Infierno lleno de miseria realmente existe, y regresen a Dios pronto. También ruego en el nombre de Jesucristo para que todos los creyentes en el Señor puedan mantenerse alertas y despiertos, y guiar al Cielo a tantas personas como sea posible.

Geumsun Vin
Directora de la Casa Editorial

Tabla de contenidos

¿Existe en realidad el Cielo y el Infierno?

"El respondiendo, les dijo: Porque a vosotros os es dado saber los misterios del reino de los cielos; mas a ellos no les es dado."
- Mateo 13:11 -

"Y si tu ojo te fuere ocasión de caer, sácalo; mejor te es entrar en el reino de Dios con un ojo, que teniendo dos ojos ser echado al infierno."
- Marcos 9:47 -

La mayoría de las personas alrededor nuestro tienen miedo a la muerte y viven en temor y ansiedad de perder la vida. Sin embargo, no buscan a Dios porque no creen que haya vida después de la muerte. Por otra parte, mucha gente que profesa su fe en Cristo también parece no llevar una vida correcta en la fe. Debido a su insensatez, la gente duda y no cree en la vida más allá de la muerte, aunque Dios ya nos ha revelado en la Biblia acerca de esta vida; así como del Cielo y el Infierno.

La vida que viene después de la muerte corresponde a un mundo espiritual invisible. Por eso, la gente no lo puede entender a no ser que Dios se lo revele. Como señala repetidamente la Biblia, ciertamente el Cielo y el Infierno existen. Por eso, Dios está mostrando el Cielo y el Infierno a numerosas personas alrededor del mundo y permite que lo divulguen a todo rincón de la Tierra.

"¡Con toda certeza el Cielo y el Infierno existen!"

"El Cielo es un lugar hermoso y fascinante, mientras que el Infierno es sombrío y más miserable de lo que se pueda imaginar. Le insto encarecidamente a creer en la existencia de la vida más allá de la muerte".

"De usted depende si va al Cielo o al Infierno. Si no quiere ir al Infierno, debería arrepentirse de todos sus pecados ahora mismo y aceptar a Jesucristo".

"Con toda seguridad el Infierno existe. Es donde la gente sufre eternamente con fuego. También es cierto que el Cielo existe. El Cielo puede ser su hogar para siempre".

A partir del mes de mayo de 1984, el Dios de amor me ha venido revelando acerca del Cielo. También, desde marzo de 2000, empezó a hablarme detalladamente sobre el Infierno. Me pidió que difundiera al mundo entero lo que había aprendido del Cielo y del Infierno para que ni una sola alma fuera castigada en el lago de fuego o en el lago de azufre ardiendo.

Recuerdo que en una ocasión, Dios me mostró un alma que estaba sufriendo y lamentándose de remordimiento en el Hades, donde esperan en agonía todos aquellos destinados a ir al Infierno. Esa persona en vida rehusó aceptar al Señor, a pesar que muchas veces tuvo la oportunidad de oír el Evangelio; y al final, luego de morir acabó en el Infierno. La siguiente es su confesión:

Cuento los días.
Cuento, cuento y cuento pero nunca acaban.
Si tan sólo hubiera aceptado a Jesucristo
cuando me hablaron de Él.
¿Qué haré ahora?

Ahora no sirve de nada arrepentirme.
No se qué hacer en este momento.
Quiero dejar de sufrir
Pero no se qué hacer.

Cuento los días: uno, dos, tres días.

A ver si pasan más rápido

Pero aunque los cuente,

Sé que es inútil.

Mi corazón está destrozado.

Pero, ¿Qué haré? ¿Qué haré?

¿Cómo puedo librarme de este inmenso dolor?

¿Qué haré, oh, alma mía?

¿Cómo puedo soportar este sufrimiento?

El Cielo y el Infierno con toda seguridad existen

Hebreos 9:27 cita: *"Y de la manera que está establecido para los hombres que mueran una sola vez, y después de esto el juicio"*. Todos los hombres y mujeres están destinados a morir, y después de exhalar el último aliento irán ya sea al Cielo o al Infierno, luego del Juicio.

Dios es amor, y por eso, Él quiere que todos vayan al Cielo. Dios preparó a Jesucristo antes que el mundo empezara y abrió el camino de la salvación al ser humano cuando llegó el momento determinado por Él. Dios no quiere que ni una sola alma caiga en el Infierno.

Romanos 5:7-8 señala: *"Ciertamente, apenas morirá alguno por un justo; con todo, pudiera ser que alguno osara morir por el bueno. Mas Dios muestra su amor para con nosotros,*

5

en que siendo aún pecadores, Cristo murió por nosotros". Ciertamente, Dios demostró Su amor para con nosotros al darnos incondicionalmente a Su único hijo.

La puerta de la salvación está ahora abierta, de par en par, para que cualquier persona que acepte a Jesucristo como su Salvador personal, sea salvo y entre al Cielo. Sin embargo, la mayoría no tiene el menor interés en el Cielo o en el Infierno, aunque escuchen acerca de ello. Además, algunos incluso molestan y hostigan a los que predican el Evangelio.

Sin embargo, lo más triste es que algunos que dicen creer en Dios todavía aman al mundo y viven en pecado, porque en realidad no tienen la esperanza por el Reino de los Cielos o no tienen ningún temor de ir al Infierno.

Mediante los testimonios de personas y la Biblia

El mundo espiritual en realidad existe; y en él se encuentran en Cielo y el Infierno. La Biblia menciona muchas veces la existencia del Cielo y del Infierno. Aquellos que han ido en espíritu al Cielo o al Infierno también testifican de ello. Por ejemplo: En la Biblia, Dios nos describe lo horrible que es el Infierno para que, de esa forma, nos esforcemos por obtener la vida eterna en el Cielo y no caigamos en el Infierno después de morir.

"Si tu mano te fuere ocasión de caer, córtala; mejor te es entrar en la vida manco, que teniendo dos manos ir al infierno, al fuego que no puede ser apagado, donde

*el gusano de ellos no muere, y el fuego nunca se apaga.
Y si tu pie te fuere ocasión de caer, córtalo; mejor te es
entrar a la vida cojo, que teniendo dos pies ser echado
en el infierno, al fuego que no puede ser apagado, donde
el gusano de ellos no muere, y el fuego nunca se apaga.
Y si tu ojo te fuere ocasión de caer, sácalo; mejor te es
entrar en el reino de Dios con un ojo, que teniendo dos
ojos ser echado al infierno, donde el gusano de ellos no
muere, y el fuego nunca se apaga Porque todos serán
salados con fuego, y todo sacrificio será salado con sal"*
(Marcos 9:43-49).

Aquellos que han visto el Infierno testifican lo mismo que la
Biblia menciona. En el Infierno, *"el gusano de ellos no muere, y
el fuego nunca se apaga. Todos serán salados con fuego"*.

Es tan claro como el cristal que después de la muerte hay un
Cielo y un Infierno como está escrito en la Biblia. Por lo tanto,
usted debería esforzarse por ir al Cielo viviendo de acuerdo a la
Palabra de Dios, creyendo que en realidad el Cielo y el Infierno si
existen.

No debería lamentarse como esa alma en el Hades que se
ha mencionado anteriormente, sufriendo eternamente porque
rehusó aceptar al Señor a pesar de las muchas oportunidades en
las que escuchó el Evangelio.

En Juan 14:11-12 Jesús nos dice,

"Creedme que yo soy en el Padre, y el Padre en mí; de

otra manera, creedme por las mismas obras. De cierto, de cierto os digo: El que en mí cree, las obras que yo hago, él las hará también; y aun mayores hará, porque yo voy al Padre".

Usted podrá reconocer a un siervo de Dios por las poderosas obras que efectúa, que van más allá de la capacidad humana, y también porque su mensaje está basado en la verdadera Palabra de Dios.

Cada vez que llevo a cabo Cruzadas Internacionales por todo el mundo, yo predico a Jesucristo, manifestando las obras del poder del Dios vivo. Cuando oro en el nombre de Jesucristo, innumerables personas creen y son salvas por las asombrosas manifestaciones del poder de Dios: los ciegos ven, los mudos hablan, los cojos se levantan, los muertos reviven, y cosas parecidas.

De este modo, Dios me ha usado para manifestar Sus poderosas obras. También me ha revelado en detalle del Cielo y del Infierno y ha permitido que lo proclame a todo el mundo con el propósito de salvar a la mayor cantidad de almas posible.

En la actualidad mucha gente tiene curiosidad de saber si hay vida después de la muerte, es decir, si existe el mundo espiritual. Sin embargo, es imposible conocer claramente sobre este mundo espiritual sólo con el entendimiento humano. Podrá conocerlo parcialmente por medio de la Biblia. No obstante, podrá claramente entenderlo solamente si Dios se lo revela por medio del Espíritu Santo quien escudriña todas las cosas, incluso lo profundo de Dios (1 Corintios 2:10).

Espero que llegue a creer completamente la descripción que hago del Infierno basado en los versículos de la Biblia, porque Dios Mismo me lo ha revelado por medido del Espíritu Santo.

¿Por qué se debe anunciar el Juicio de Dios y el castigo en el Infierno?

Cuando predico acerca del Infierno, los que tienen fe y están llenos del Espíritu Santo lo escuchan sin ningún temor. En cambio, hay quienes ponen sus rostros rígidos de tensión y sus usuales respuestas afirmativas como "Amén" o "Sí" se diluyen poco a poco durante el mensaje.

En el peor de los casos, los que tienen una fe débil dejan de venir a los servicios de adoración e incluso se van de la iglesia por temor, en vez de reafirmar su fe con la esperanza de ir al Cielo.

No obstante, tengo que enseñar acerca del Infierno porque conozco el corazón de Dios. Dios se aflige por los que van rumbo al Infierno, los que todavía viven en la oscuridad, y se comprometen con el mundo, aun cuando algunos de ellos profesan de labios su fe en Jesucristo.

Por tanto, hablaré del Infierno en detalle para que así los hijos de Dios permanezcan en la luz, y se alejen de las tinieblas. Dios quiere que sus hijos se arrepientan y vayan al Cielo aun cuando puedan sentir temor o contrariedad al escuchar del Juicio de Dios y del castigo en el Infierno.

La parábola del hombre rico y de Lázaro el mendigo

En Lucas 16:19-31, vemos que tanto el hombre rico como Lázaro, el mendigo, luego de morir, ambos fueron al Sepulcro. Las condiciones y situación del lugar en el que cada hombre iba a vivir de allí en adelante eran completamente diferentes.

El hombre rico estaba en gran tormento en medio de fuego, mientras que Lázaro estaba junto a Abraham y había una gran sima entre ellos. ¿Por qué?

En el Antiguo Testamento, el Juicio de Dios se ejecutaba de acuerdo a la Ley que Dios le había dado a Moisés. Por una parte, el hombre rico recibió el castigo de fuego eterno porque no había creído en Dios, aunque vivió con gran lujo en este mundo. Por otra parte, el mendigo Lázaro pudo disfrutar de paz y descanso eterno porque había creído en Dios, aunque durante su vida en esta Tierra su cuerpo estuviera cubierto de llagas y pasara hambre, ansiando incluso comer lo que caía de la mesa del hombre rico.

La vida después de la muerte se determina por el Juicio de Dios

En el Antiguo Testamento vemos a los padres de la fe, como Jacob y Job, diciendo que después de morir irían al Seol (Génesis 37:35; Job 7:9). Coré, y todos los hombres que se levantaron contra Moisés, descendieron vivos al Seol, por la ira de Dios (Números 16:33).

En el Antiguo Testamento también se menciona el "Hades" o "las partes más bajas del Hades". Esto es porque el Sepulcro está dividido en dos partes: El Alto Sepulcro que pertenece al Cielo y el Hades que pertenece al Infierno.

De este modo, se sabe que los padres de la fe, como Jacob y Job y el mendigo Lázaro, fueron al Alto Sepulcro que pertenece al Cielo, mientras que Coré y el hombre rico fueron al Hades que pertenece al Infierno.

De igual forma, podemos afirmar que hay vida más allá de la muerte y que todo ser humano irá, sea al Cielo o al Infierno, conforme al Juicio de Dios. Le insto encarecidamente a creer en Dios para que sea librado del Infierno.

La estructura del Cielo y del Infierno

La Biblia usa varios nombres para referirse al Cielo o al Infierno. De hecho, podrá darse cuenta que el Cielo y el Infierno no están localizados en el mismo lugar.

En otras palabras, al Cielo se le llama también "el Alto Sepulcro", "Paraíso", o "la Nueva Jerusalén". Esto se debe a que el reino de los Cielos, donde permanecen las almas salvas, está clasificado y dividido en diferentes áreas.

Como ya expliqué en las prédicas y en los libros *LA MEDIDA DE FE, CIELO I* y *CIELO II* en la Nueva Jerusalén usted podrá estar más cerca del trono de Dios de acuerdo a la medida en que recobre la imagen perdida de Dios Padre. Asimismo, podrá ir al Tercer Reino, al Segundo Reino, o al Primer Reino de los Cielos

Nueva Jerusalén
Tercer Reino
Segundo Reino
Primer Reino
Paraíso
Alto Sepulcro
Gran Sima

Hades
Lago de Fuego
Lago de Azufre
Abismo

de acuerdo a la medida de su fe. Los que tienen la fe sólo para ser salvos podrán entrar al Paraíso.

El lugar o espacio donde residen las almas no salvas o espíritus malvados también se menciona en la Biblia como "Hades", "Lago de Fuego", "Lago de Azufre" o "Abismo (foso sin fin)". Al igual que el Cielo está dividido en varios espacios, el Infierno también está dividido en diversos lugares, porque el lugar en donde permanecerá cada alma es diferente de acuerdo a la medida de la maldad de sus acciones en este mundo.

La estructura del Cielo y del Infierno

Para entender mejor la estructura del Cielo y del Infierno, imagínese la forma de un diamante (◇). Si esa figura se corta en dos, nos da un triángulo (△) y un triángulo hacia abajo (▽). Supongamos que el triángulo representa el Cielo y el triángulo hacia abajo representa el Infierno.

La parte más alta del triángulo superior corresponde a la Nueva Jerusalén mientras que la parte más baja corresponde al

Alto Sepulcro. En otras palabras, por encima del Alto Sepulcro está el Paraíso, el Primer Reino, el Segundo Reino, el Tercer Reino de los Cielos, y la Nueva Jerusalén. No obstante, no debería pensar en diferentes Reinos como el primer, segundo o tercer piso de un edificio en este mundo. En el reino espiritual, es imposible trazar una línea para separar un espacio o definir la forma de un área, como se hace en este mundo. Lo estoy explicando de esta manera para que puedan entender más claramente la estructura del Cielo y del Infierno.

En el triángulo, el vértice corresponde a la Nueva Jerusalén, mientras que la parte inferior al Alto Sepulcro. En otras palabras, mientras más arriba del triángulo pueda llegar, se hallará en un mejor Reino de los Cielos.

En la otra figura, la del triángulo invertido, la parte más alta y más ancha representa el Hades. Mientras más cerca del fondo llegue, se aproximará a la parte más profunda del Infierno. El Abismo mencionado en los libros de Lucas y Apocalipsis se refiere a la parte más profunda del Infierno.

En el triángulo, el área se hace más pequeña a medida que se sube de la parte más ancha hacia la más alta, es decir, del Paraíso a la Nueva Jerusalén. Esta figura nos muestra que el número de almas que entran a la Nueva Jerusalén es relativamente menor, comparado con los que van al Paraíso, al Primer o al Segundo Reino de los Cielos. Esto es porque sólo aquellos que alcancen la santidad y perfección santificando sus corazones y teniendo un corazón semejante al de Dios Padre, podrán entrar a la Nueva Jerusalén.

Como podrá apreciar en el triángulo invertido, relativamente menos personas van a la parte más profunda del Infierno porque sólo aquellos cuyas conciencias han sido cauterizadas y han cometido las peores maldades serán arrojados a ese lugar. Un mayor número de almas que han cometido pecados relativamente leves irán a la parte superior o más ancha del Infierno.

De este modo, podemos imaginarnos que el Cielo y el Infierno tienen la forma de un diamante. Sin embargo, eso no quiere decir que el Cielo tenga literalmente la forma de un triángulo o que el Infierno tenga la forma de un triángulo invertido.

Un gran sima entre el Cielo y el Infierno

Hay un gran sima entre el triángulo, el Cielo, y el triángulo invertido, el Infierno. El Cielo no se encuentra al lado del Infierno, sino a una distancia mayor de la que podemos imaginar.

Dios ha puesto una línea de demarcación muy clara, de tal forma que las almas que están tanto en el Cielo como en el Infierno no pueden ir de un lado al otro. Solamente en casos muy especiales permitidos por Dios, es posible que se puedan ver y hablar entre ellos, como es el caso del hombre rico y Abraham.

Entre los dos triángulos, hay un gran sima. Las almas no pueden ir y venir del Cielo al Infierno, ni viceversa. Sin embargo, si Dios lo permite, los que están en el Cielo y en el Infierno podrán verse, oírse y hablar entre ellos en espíritu a pesar de la distancia.

Tal vez pueda entender esto más fácilmente si piensa en la forma como nos comunicamos con otras personas, desde cualquier parte del mundo, por teléfono o incluso, cara a cara, usando pantallas, vía satélite, gracias al rápido avance y desarrollo de la ciencia y de la tecnología.

Aunque hay un gran sima entre el Cielo y el Infierno, el hombre rico pudo ver a Lázaro descansando en el seno de Abraham y hablar con Abraham en espíritu con el consentimiento de Dios.

El Alto Sepulcro y el Paraíso

Para ser más exacto, el Alto Sepulcro no es parte del Cielo pero puede decirse que pertenece al Cielo, mientras que el Hades es parte del Infierno. La función del Alto Sepulcro desde el Antiguo Testamento ha variado.

El Alto Sepulcro en el Antiguo Testamento

En el Antiguo Testamento, los salvos esperaban en el Alto Sepulcro. Abraham, el padre de la fe, estaba a cargo del Alto Sepulcro. Por eso, la Biblia menciona que Lázaro estaba en el seno de Abraham.

Sin embargo, desde la resurrección y ascensión del Señor Jesucristo, las almas salvas ya no están más en el seno de Abraham, sino en el Paraíso con el Señor. Por eso, Jesús dijo: *"Hoy estarás conmigo en el Paraíso"* a uno de los ladrones que se arrepintió y aceptó a Jesús como su Salvador cuando Jesús estaba colgado en la cruz (Lucas 23:43).

Después de Su crucifixión, ¿fue Jesús inmediatamente al Paraíso? 1 Pedro 3:19 nos dice que *"En el cual también fue (Jesús) y predicó a los espíritus encarcelados"*. De este versículo, se puede inferir que Jesús predicó el Evangelio a todas las almas que iban a ser salvas, que estaban esperando en el Alto Sepulcro. Me referiré a esto más detalladamente en el capítulo 2.

Jesús, quien había predicado el Evangelio por tres días en el Alto Sepulcro, al resucitar y ascender al Cielo, guió a las almas que iban a ser salvas al Paraíso. Hoy, Jesús está preparando una morada para nosotros en el Cielo como dijo: *"... voy, pues, a preparar lugar para vosotros"* (Juan 14:2).

El Paraíso en los tiempos del Nuevo Testamento

Después que Jesús abriera la puerta de la salvación, las almas salvas ya no están más en el Alto Sepulcro. Estas almas habitan en las afueras del Paraíso, el lugar de espera en el Cielo, hasta que finalice el cultivo de la humanidad. Y luego, después del Juicio del Gran Trono Blanco, cada una de ellas entrará a su morada en el Cielo de acuerdo a su medida de fe y vivirá allí por siempre.

Todas las almas salvas han estado esperando en el Paraíso desde el Nuevo Testamento. Algunos podrían preguntarse si es posible que tantas personas vivan en el Paraíso porque infinidad de personas han nacido desde Adán. Tal vez me digan: "¡Reverendo Lee! ¿Cómo es posible que tanta gente viva en el Paraíso? Por más grande que sea, es difícil que toda esa gente viva ahí".

El sistema solar al cual pertenece la Tierra, es sólo una

partícula de arena comparada con una galaxia. ¿Puede, entonces, imaginarse lo grande que es una galaxia? Sin embargo, una galaxia es sólo una partícula de arena comparada con todo el universo. ¿Puede, entonces, imaginarse lo grande que es todo el universo?

Además, el universo en el que vivimos es sólo uno de los muchos universos que existen, y la inmensidad de todo este universo va más allá de nuestra imaginación. Por lo tanto, si le es imposible entender lo vasto del universo físico, ¿cómo le será posible entender la inmensidad del Cielo en el reino espiritual?

El mismo Paraíso es tan grande que no lo podemos imaginar. La distancia que hay entre el límite del Paraíso y el lugar más cercano, en el Primer Reino de los Cielos, es inconmensurable. ¿Podría, entonces, imaginarse lo inmenso que es el Paraíso?

Las almas adquieren conocimiento espiritual en el Paraíso

Aunque el Paraíso es el lugar de espera previo al Cielo, no es incómodo ni aburrido. Es tan hermoso que no puede ser comparado con el paisaje más bello de este mundo.

Las almas que esperan en el Paraíso adquieren conocimiento espiritual de los profetas. Aprenden de Dios y del Cielo, de las leyes espirituales, y de otros principios espirituales necesarios. No hay límite al conocimiento espiritual. Estudiar allí es totalmente diferente a hacerlo en este mundo. No es difícil ni aburrido. Mientras más se aprende, más gracia y gozo se recibe.

Aquellos que son puros y mansos de corazón, por la

comunión que tienen con Dios, incluso en este mundo, llegan a tener considerable conocimiento espiritual. Usted también podrá entender muchas cosas por revelación del Espíritu Santo cuando vea las diversas situaciones y circunstancias con ojos espirituales. Podrá experimentar el poder de Dios, incluso ahora, porque entenderá, en la medida en que circuncide su corazón, las leyes espirituales que rigen la fe y la forma en la que Dios responde a sus oraciones.

¡Qué feliz y lleno de satisfacción se siente cuando aprende estos principios espirituales y los experimenta en su vida! Imagínese lo feliz y gozoso que estará cuando aprenda, con mayor profundidad, estos principios espirituales en el Paraíso, que es parte del Reino de los Cielos.

Entonces, ¿en dónde viven estos profetas? ¿Viven en el Paraíso? ¡No! Las almas que están calificadas para ir a la Nueva Jerusalén, no están esperando en el Paraíso, sino en la Nueva Jerusalén, sirviendo a Dios.

Antes de la crucifixión de Jesús, Abraham estaba a cargo del Alto Sepulcro. No obstante, después de la resurrección y ascensión de Jesús, Abraham fue a la Nueva Jerusalén porque había terminado su labor en el Alto Sepulcro. Entonces, ¿dónde se encontraban Moisés y Elías mientras Abraham estaba en el Alto Sepulcro? Ellos no estaban en el Paraíso, sino ya estaban en la Nueva Jerusalén, porque habían hecho los méritos suficientes para entrar a la Santa Ciudad (Mateo 17:1-3).

El Alto Sepulcro en el Nuevo Testamento

Quizás haya visto alguna vez una película en la cual el alma de un hombre, que tiene la misma forma de su propio cuerpo, se separa de él después de morir, y se va con los ángeles del Cielo o con los mensajeros del Infierno. En efecto, un alma salva después que se separa de su cuerpo al momento de morir, es guiada al Cielo por dos ángeles con vestiduras blancas. El que sabe esto, no se sorprenderá cuando su alma se separe de su cuerpo al morir. Sin embargo, alguien que no conoce nada de esto, se sorprenderá al ver a otra persona exactamente como él, separado de su cuerpo.

Al comienzo, el alma sin cuerpo físico se sentirá rara y diferente. Su condición será muy diferente a la que tenía en este mundo, porque ahora experimentará enormes cambios, después de haber vivido en un mundo tridimensional, ahora vivirá en un mundo de cuatro dimensiones. No sentirá el peso del cuerpo y deseará volar por lo ligero que se sentirá. Necesitará de cierto tiempo para aprender las cosas básicas y así adaptarse al mundo espiritual. Por eso, las almas salvas a partir del Nuevo Testamento permanecen temporalmente en el Alto Sepulcro para adaptarse al mundo espiritual antes de ir al Paraíso.

El Hades: Un lugar de espera previo al Infierno

La parte más alta del Infierno es el Hades. Al descender a lo profundo del Infierno, encontramos el lago de fuego, el lago de azufre ardiendo, y el Abismo, el cual es la parte más profunda del

Infierno. Las almas que no han sido salvas desde el principio de la creación del mundo, todavía no están en el Infierno sino que aún permanecen en el Hades.

Muchas personas alegan haber visto el Infierno. Puedo afirmar que lo que en realidad vieron eran escenas de tormento en el Hades. Esto es porque las almas no salvas están recluidas en diferentes partes del Hades dependiendo de la gravedad de su pecado y maldad; y finalmente, después del Juicio del Gran Trono Blanco, serán echadas en el lago de fuego o en el lago que arde con azufre.

Los tormentos en el Hades de las almas no salvas

En Lucas 16:24 se describe claramente el sufrimiento al que fue condenado el hombre rico en el Hades. En su agonía, el hombre rico pidió una gota de agua diciendo: *"Entonces él, dando voces, dijo: Padre Abraham, ten misericordia de mí, y envía a Lázaro para que moje la punta de su dedo en agua, y refresque mi lengua; porque estoy atormentado en esta llama"*.

¿Cómo no sentir terror y temblar de escalofrío por ese constante tormento, en medio de los gritos de agonía de otras almas atormentadas por este fuego consumidor, sin esperanza alguna de morir en el Infierno, donde el gusano no muere, y el fuego nunca se apaga?

Crueles emisarios del Infierno atormentan las almas en la más tenebrosa oscuridad del Hades. Todo este lugar está rodeado de sangre y de olores nauseabundos que emanan los cuerpos en descomposición, por lo que resulta incluso difícil respirar. No obstante, el castigo en el Infierno no tiene punto de comparación con el del Hades.

A partir del tercer capítulo explicaré en detalle y con ejemplos concretos lo aterrador de este lugar llamado "Hades" y la clase de insufribles castigos que se aplican en el lago de fuego y en el lago que arde con azufre.

El remordimiento de las almas no salvas en el Hades

En Lucas 16:27-30 el hombre rico no creía en la existencia del Infierno pero después de morir, ya siendo atormentado en el fuego, se dio cuenta de su insensatez y sintió remordimiento. El hombre rico rogó a Abraham que enviara a Lázaro a sus hermanos para que no fueran al Infierno.

> *"Entonces le dijo: Te ruego, pues, padre, que le envíes a la casa de mi padre, porque tengo cinco hermanos, para que les testifique, a fin de que no vengan ellos también a este lugar de tormento. Y Abraham le dijo: A Moisés y a los profetas tienen; óiganlos. Él entonces dijo: No, padre Abraham; pero si alguno fuere a ellos de entre los muertos, se arrepentirán".*

¿Qué es lo que el hombre rico les diría a sus hermanos si se le diera una oportunidad de hablar con ellos en persona? Con seguridad les diría: "¡Sé que el Infierno existe! Por favor, vivan de acuerdo a la Palabra de Dios para que no vayan al Infierno porque es un lugar espeluznante y terrible".

Aún estando en ese agonizante e interminable dolor y sufrimiento, el hombre rico quería a toda costa impedir que sus hermanos fueran al Infierno, y no hay duda que tenía un corazón relativamente bueno. Sin embargo, ¿cómo son las personas hoy?

En una ocasión Dios me mostró una pareja de esposos atormentados en el Infierno porque se habían apartado de Dios y habían dejado la iglesia. En el Infierno se culpaban, se maldecían y se odiaban entre sí, e incluso querían que su pareja sufriera más.

El hombre rico quería que sus hermanos fueran salvos, porque en cierto modo, tenía un buen corazón. Sin embargo, debe recordar que, a pesar de ello, fue arrojado al Infierno. También debe tener siempre presente que no basta sólo con decir "creo en Dios" para ser salvo.

El ser humano está destinado a morir y luego irá al Cielo o al Infierno. Por lo tanto, no debería vivir como un insensato, sino vivir como un verdadero cristiano.

El hombre sabio se prepara para la vida después de la muerte

Las personas verdaderamente sabias se preparan para la vida después de la muerte, pero la mayoría de ellas en este mundo trabaja arduamente para lograr y alcanzar grandeza, poder, riquezas, prosperidad y larga vida.

Las personas sabias atesoran riquezas en el Cielo conforme a la Palabra de Dios porque saben muy bien que no podrán llevarse nada a la tumba.

Quizá haya escuchado algunas historias de aquellos que cuando fueron al Cielo no pudieron encontrar su morada aun cuando supuestamente habían creído en Dios y habían vivido una vida en Cristo. ¡Usted podrá tener una morada grande y hermosa en el Reino de Dios si diligentemente atesora riquezas en el Cielo viviendo en este mundo dignamente como un hijo de Dios!

Será verdaderamente sabio y bendecido porque se esforzará por tener y mantener una fe firme para ir al hermoso Reino de los Cielos, y porque diligentemente atesorará con fe recompensas en el Cielo, preparándose como la novia del Señor, quien muy pronto regresará.

Una vez que el hombre muere, no puede volver a vivir otra vez. Le pido, por favor, tenga fe y recuerde que el Cielo y el Infierno sí existen. Además, como ya sabe que las almas no salvas padecen el gran tormento en el Infierno, debe advertir a todo aquel que conozca en esta vida, que hay un Cielo y un Infierno. ¡Imagínese lo feliz que se sentiría Dios con usted!

Dios desea la salvación de todo ser humano, y los que proclaman el amor de Dios, serán bendecidos en esta vida y también resplandecerán como el sol en el Reino de los Cielos.

Espero que crea que Dios está vivo, y que le juzgará y le recompensará, y que debe esforzarse por vivir como un verdadero hijo de Dios. ¡Ruego en el nombre del Señor para que guíe a Dios y a la salvación al mayor número de almas posible, y que así pueda agradar a Dios!

Capítulo 2

La salvación para los que nunca escucharon el Evangelio

*"Porque cuando los gentiles que no tienen ley,
hacen por naturaleza lo que es de la ley, éstos,
aunque no tengan ley, son ley para sí mismos,
mostrando la obra de la ley escrita en sus corazones,
dando testimonio su conciencia, y acusándoles o
defendiéndoles sus razonamientos."*
- Romanos 2:14-15 -

*"Y le respondió Jehová: Ciertamente cualquiera que matare a
Caín, siete veces será castigado. Entonces Jehová puso señal
en Caín, para que no lo matase cualquiera que le hallara."*
- Génesis 4:15 -

Dios mostró su amor para con nosotros al darnos a Su Unigénito Hijo Jesucristo para ser crucificado y abrir la puerta de la salvación para toda la humanidad.

Los padres aman a sus hijos, y también quieren que crezcan y lleguen a madurar lo suficiente para entender su corazón y compartir juntos momentos de gozo y dolor.

Del mismo modo, Dios quiere que todos los seres humanos sean salvos. Además, Dios desea que Sus hijos lleguen a madurar lo suficiente en la fe para conocer el corazón de Dios Padre y así compartir su profundo amor con Él. Por esta razón el apóstol Pablo escribe en 1 Timoteo 2:4 que Dios quiere que todos los hombres sean salvos y lleguen al conocimiento de la verdad.

Dios muestra al hombre el Infierno y el mundo espiritual en detalle porque, en Su amor, desea que todos reciban la salvación y alcancen una completa madurez en la fe.

En este capítulo, explicaré detalladamente si es posible que sean salvos aquellos que han muerto sin conocer a Jesús.

El juicio de conciencia

Muchas personas que no creen en Dios reconocen por lo menos la existencia del Cielo y del Infierno, pero no pueden entrar al Cielo simplemente porque reconocen su existencia.

Como Jesús nos dice en Juan 14:6: *"Jesús le dijo: Yo soy el camino, y la verdad, y la vida; nadie viene al Padre, sino por mí"*, usted podrá ser salvo y entrar al Cielo solamente a través de Jesucristo.

Pero, ¿cómo puede uno ser salvo? El apóstol Pablo en Romanos 10:9-10 nos muestra un camino concreto para la salvación:

"Que si confesares con tu boca que Jesús es el Señor, y creyeres en tu corazón que Dios le levantó de los muertos, serás salvo. Porque con el corazón se cree para justicia, pero con la boca se confiesa para salvación".

Supongamos que alguien no acepta a Jesucristo. Por tanto, no podrá confesar que "Jesús es el Señor", y tampoco podrá creer de corazón en Jesucristo. ¿Eso quiere decir, entonces, que no será salvo?

Muchas personas vivieron antes que Jesús viniera en carne a la Tierra. Incluso durante el Nuevo Testamento, hubo personas que murieron sin haber escuchado el Evangelio. ¿Pueden ellos ser salvos?

¿A dónde irán los que murieron a muy temprana edad o que nunca alcanzaron la madurez ni la sabiduría necesarias para tener fe? ¿Y que hay de los niños que no llegaron a nacer o que murieron a causa de abortos inducidos o involuntarios? ¿Acaso no tendrían otra opción sino ir al Infierno porque no creyeron en Jesucristo? ¡Claro que no!

El Dios de amor en Su justicia abre el camino de la salvación para todos por medio del "Juicio de conciencia".

Aquellos que buscaron a Dios y vivieron conforme a una buena conciencia

Romanos 1:20 declara: *"Porque las cosas invisibles de él, su eterno poder y deidad, se hacen claramente visibles desde la creación del mundo, siendo entendidas por medio de las cosas hechas, de modo que no tienen excusa"*. Por esta razón, las personas de buen corazón creen en Dios al ver las cosas visibles que Él ha creado.

De acuerdo a Eclesiastés 3:11, Dios ha puesto eternidad en el corazón de los hombres. Por lo tanto, los que son buenos de corazón buscan a Dios por naturaleza y creen en la vida después de la muerte. Los que son buenos, tienen temor de Dios y tratan de vivir una vida recta y buena aun cuando nunca han escuchado el Evangelio. Por eso, viven conforme a los principios de su religión. Si tan sólo hubieran oído el Evangelio, con seguridad habrían aceptado al Señor y habrían ido al Cielo.

Por esta misma razón, hasta que Jesús muriera en la cruz, Dios guió al Alto Sepulcro, como etapa previa en el camino hacia el Cielo, a las almas que vivieron vidas rectas. Después de la crucifixión de Jesús, Dios los condujo a la salvación por medio de la sangre del Señor, haciéndoles escuchar el Evangelio.

Oír el Evangelio en el Alto Sepulcro

La Biblia nos dice que Jesús proclamó el evangelio en el Alto Sepulcro después que murió en la cruz.

Como menciona 1 Pedro 3:19 : *"Él (Jesús) fue y predicó a*

los espíritus encarcelados". Jesús proclamó el evangelio a las almas en el Alto Sepulcro para que también pudieran ser salvos por medio de su Sangre.

Al escuchar el Evangelio, los que nunca lo habían oído, finalmente tuvieron la oportunidad de aceptar a Jesucristo y así ser salvos.

Dios no ha dado otro nombre sino sólo el de Jesucristo para guiar al hombre a la salvación (Hechos 4:12). Incluso en el Nuevo Testamento, aquellos que no pudieron escuchar el Evangelio, llegan a ser salvos por medio del Juicio de conciencia. Ellos permanecen en el Alto Sepulcro por tres días para oír el Evangelio y entonces entran al Cielo.

Los que tienen una conciencia corrupta y malvada, nunca buscan a Dios y viven en pecado, entregándose a sus propias pasiones. No creerían en el Evangelio aún si lo escucharan. Después de la muerte, serán enviados al Hades para vivir en tormento y al final irán al Infierno después del Juicio ante el Gran Trono Blanco.

El Juicio de conciencia

Es imposible que alguien juzgue imparcialmente la conciencia de otro, porque el hombre natural no puede conocer en forma correcta lo que hay en el corazón de otra persona. Sin embargo, el Dios todopoderoso puede discernir el corazón de todos y juzgar con justicia.

Romanos 2:14-15 explica el juicio de conciencia. Los que tienen buen corazón conocen lo que es bueno y malo porque sus conciencias les hacen saber lo que la Ley establece.

"Porque cuando los gentiles que no tienen ley, hacen por naturaleza lo que es de la ley, éstos, aunque no tengan ley, son ley para sí mismos, mostrando la obra de la ley escrita en sus corazones, dando testimonio su conciencia, y acusándoles o defendiéndoles sus razonamientos".

Por consiguiente, los que son buenos no siguen en sus vidas el mal camino, sino el bueno. Por ello, de acuerdo al Juicio de conciencia, irán por tres días al Alto Sepulcro, para escuchar el Evangelio y así ser salvos.

Podemos mencionar al Almirante Soonshin Lee* como ejemplo de alguien quien fue bondadoso y bueno por tener su buena conciencia (*Nota del editor: El Almirante Lee fue el Comandante Supremo de las Fuerzas de la Marina para la Dinastía Chosun en Corea durante el Siglo XVI). El Almirante Lee vivió en la verdad aunque no conoció a Jesucristo. Siempre fue leal a su rey, a su país, y a las personas a quienes protegía. Siempre fue bueno y fiel a sus padres y amaba a sus hermanos. Nunca puso su propio interés por encima del de los demás, y nunca buscó honra, autoridad, o riquezas. Solamente sirvió a su prójimo y se sacrificó por los demás.

No se puede encontrar ningún indicio de maldad en él. El Almirante Lee fue exiliado sin pronunciar ninguna palabra de queja ni tener la mínima intención de vengarse de sus enemigos al ser acusado falsamente. No se quejó ante el rey aún cuando éste, quien lo había desterrado al exilio, le ordenó luchar en el campo de batalla. Por el contrario, agradeció de corazón al rey, alistó las tropas de nuevo, y luchó en varias batallas exponiendo su propia vida. Además, siempre tuvo tiempo para orar a su dios de rodillas porque reconoció la existencia de uno. ¿Por qué Dios no le permitiría ir al Cielo?

Aquellos que están excluidos del Juicio de conciencia

¿Pueden las personas que escucharon el Evangelio pero no creyeron en Dios estar sujetas al Juicio de conciencia?

Los miembros de su familia no podrían ser sujetos al Juicio de conciencia porque no aceptaron el Evangelio aun cuando usted se lo había predicado. En este caso no serán salvos ya que rechazaron el Evangelio a pesar que tuvieron muchas oportunidades de aceptarlo.

Sin embargo, usted debería proclamar diligentemente las buenas nuevas porque aun cuando la gente merece ir al Infierno por su maldad, a través de su testimonio usted les estaría dando una nueva oportunidad para recibir la salvación.

Cada hijo de Dios es deudor del Evangelio y tiene la obligación de divulgarlo. En el Día del Juicio, Dios le preguntará si han predicado el Evangelio a su familia, a sus padres, hermanos y hermanas, etc. Les dirá: "¿Por qué no evangelizó a sus padres y a sus hermanos? ¿Por qué no evangelizó a sus hijos? ¿Por qué no evangelizó a sus amigos?"

Por lo tanto, si realmente entiende el amor de Dios, quien incluso sacrificó a Su único Hijo, y si en verdad conoce el amor del Señor, quien murió en la cruz por nosotros, usted debería predicar las buenas nuevas del Evangelio a toda persona, en todo momento.

Salvar almas es la única forma de calmar la sed del Señor, quien clamó desde la cruz: "Tengo sed". Y, de esa forma, retribuir con agradecimiento el precio de la sangre del Señor.

Los bebés no nacidos por aborto inducido o por aborto involuntario

¿A dónde van los bebés que no han llegado a nacer, sino que mueren producto de un aborto involuntario? Después de la muerte física, el espíritu del ser humano está destinado a ir ya sea al Cielo o al Infierno porque su espíritu no puede extinguirse.

Luego de los cinco meses de la concepción, Dios da el espíritu

¿Cuándo da Dios el espíritu al feto? Dios da el espíritu al feto al sexto mes del embarazo.

De acuerdo a la ciencia médica, después de los cinco meses de embarazo, un feto desarrolla los órganos auditivos, los ojos y los párpados. Los lóbulos cerebrales que activan la función cerebral también se forman entre los cinco y los seis meses después de la concepción.

A los seis meses, cuando el feto tiene casi la forma de un ser humano, Dios le da el espíritu. En el caso de un aborto no inducido, el feto no va al Cielo ni al Infierno porque un feto sin espíritu es prácticamente como un animal.

Eclesiastés 3:21 dice: *"¿Quién sabe que el espíritu de los hijos de los hombres sube arriba, y que el espíritu del animal desciende abajo a la tierra?"* En este versículo, *"el espíritu de los hijos de los hombres"* se refiere al espíritu que Dios le dio al hombre y que lo lleva a buscar a Dios y al alma que hace que piense y obedezca la Palabra de Dios, mientras que *"el espíritu del animal"* se refiere sólo al alma, es decir, al sistema que hace que el hombre piense y actúe.

Todo animal se extingue cuando muere porque tiene sólo alma y no espíritu. Un feto de menos de cinco meses de embarazo no tiene espíritu. De modo que, si muere, se extinguirá de la misma forma que sucede con un animal.

Abortar es un pecado tan grave como asesinar

¿Quiere decir, entonces, que no es pecado abortar con menos de cinco meses de embarazo ya que el feto todavía no tiene espíritu? ¡No! No debe malinterpretar esto y pecar abortando, no importa el tiempo que tenga de embarazo, sino debe tener siempre presente que sólo Dios es el único que tiene derecho sobre la vida humana.

El autor del Salmo 139:15-16 escribió: *"No fue encubierto de ti mi cuerpo, bien que en oculto fui formado, y entretejido en lo más profundo de la tierra. Mi embrión vieron tus ojos, y en tu libro estaban escritas todas aquellas cosas que fueron luego formadas, sin faltar una de ellas".*

El Dios de amor ya los conocía antes que fueran formados en el vientre de su madre, y tenía planes maravillosos para cada uno, y los ha escrito en Su libro. Por eso, el ser humano, una simple criatura, no puede decidir la vida de un feto, aun si éste no llega a los cinco meses de haber sido concebido.

Abortar es lo mismo que asesinar a un ser humano, porque usted asume la autoridad que tiene sólo Dios, quien gobierna sobre la vida y la muerte, la bendición y la maldición. Además, ¿cómo podría usted atreverse a afirmar que no es un pecado grave matar a su propio hijo o hija?

Las consecuencias y el sufrimiento que inevitablemente acarrea el pecado

¡Bajo ninguna circunstancia y sin importar lo difícil de la situación debe usted violar la soberanía de Dios sobre la vida humana! Además, no es humano ni justo abortar en su búsqueda del placer únicamente. Debe estar consciente que segará lo que ha sembrado, y pagará por lo que ha hecho.

Es más grave si aborta luego de seis o de más meses de embarazo. Es igual que asesinar a un adulto, porque el feto ya tiene espíritu.

El aborto levanta un gran muro de pecado entre usted y Dios. Como resultado, le sobrevendrán sufrimientos, problemas y diversas dificultades. Poco a poco, si no se arrepiente, se alejará cada vez más de Dios debido al muro de pecado que ha levantado, y al final, estará tan lejos de Dios que ya no podrá regresar.

Incluso los que no creen en Dios, si provocan el aborto también serán castigados y sufrirían toda clase de dificultades y problemas puesto que es un asesinato. Siempre estarán en problemas y dificultades porque Dios no podrá protegerlos y alejará Su rostro de ellos si no derriban ese muro de pecado.

Arrepentirse completamente de sus pecados y derribar el muro de iniquidad

Dios dio Sus mandamientos, no para condenar al ser humano, sino para revelar Su voluntad, guiarlo al arrepentimiento, y guiarlo a la salvación.

Dios también le instruye sobre estas cosas concernientes al aborto para que usted no cometa este pecado y pueda derribar ese muro de maldad, arrepintiéndose de los pecados que ha cometido en el pasado.

Si usted ha abortado anteriormente, tiene que arrepentirse completamente por ello, y derribar ese muro de pecado presentando ofrendas de paz. Entonces, los problemas y dificultades desaparecerán ya que Dios no se acordará de su pecado.

La gravedad del pecado de aborto es diferente en cada caso. Por ejemplo, si aborta porque resultó embarazada a causa de una violación, su pecado es menos grave. Ahora bien, si un matrimonio decide abortar a su hijo por no desearlo, su pecado es mucho más grave.

Si está embarazada, y por diversas razones, no quiere tener familia, debería encomendar a su hijo a Dios en oración cuando aun está en el vientre. En tal caso, si Dios no obra de acuerdo con su oración, no deberá impedir el nacimiento del niño.

La mayoría de los niños abortados son salvos pero hay excepciones

Seis meses después de la concepción, el embrión, aun cuando ya tiene espíritu, no puede pensar ni razonar, entender, o creer por propia voluntad. Por lo tanto, Dios salva a la mayoría de las criaturas que mueren en este período sin tener en cuenta su fe o la fe de sus padres.

Note que dije "la mayoría" no "todos" porque en circunstancias especiales, el feto no podría ser salvo.

Desde el momento mismo de la concepción, el embrión puede heredar la naturaleza malvada de sus progenitores, si ellos o sus antepasados contendieron ostensiblemente contra Dios y acumularon maldad tras maldad. Entonces, en ese caso, el feto no será salvo.

Por ejemplo: Puede ser el hijo de alguien que practica la magia o el hijo de padres malvados quienes maldijeron o desearon solamente el mal a los demás, tales como Hee-bin Jang* en la historia coreana (*Nota del Editor: La señora Jang fue una concubina de Rey 'Sook-Jong' a fines del Siglo XVII, quien, a causa de los celos, maldijo a la Reina y lo hizo atravesando con alfileres una foto de ella). Los hijos de padres tan malvados no pueden ser salvos porque heredan la naturaleza malvada de sus padres.

También, entre los que dicen ser creyentes, hay personas extremadamente malvadas. Tales personas se oponen, juzgan, condenan y obstaculizan el obrar del Espíritu Santo. Llenos de celos, calumnian e incluso procuran matar a aquellos que glorifican el nombre de Dios. Si por una u otra razón, sus hijos no hubieran nacido producto de un aborto involuntario, no podrían ser salvos.

Con excepción de estos casos muy puntuales, la mayor parte de las criaturas que no han llegado a nacer son salvas. Sin embargo, no podrán ir al Cielo, ni siquiera al Paraíso, puesto que en ningún momento fueron cultivados ni perfeccionados en esta Tierra. Vivirán en el Alto Sepulcro, incluso luego del Juicio del Gran Trono Blanco.

Un Lugar Eterno para los bebés que no llegaron a nacer y que son salvos

Las criaturas que han sido abortadas a los seis meses o más del embarazo y que están en el Alto Sepulcro son como una hoja de papel en blanco porque no fueron cultivados ni perfeccionados en esta Tierra. Por lo tanto, permanecerán en el Alto Sepulcro y en el momento de la resurrección se les darán cuerpos apropiados para sus almas.

Esos cuerpos cambiarán y crecerán a diferencia de otras almas salvas quienes tendrán cuerpos espirituales y eternos. Por eso, aunque tengan la forma de un niño y sean igual a ellos al comienzo, crecerán hasta que alcancen un nivel apropiado.

Estos niños, aunque después crecen, permanecerán en el Alto Sepulcro, alimentando sus almas con el conocimiento de la verdad. Podrá entender esto más fácilmente si piensa en la condición inicial de Adán en el Huerto del Edén y en su proceso de aprendizaje.

Adán tenía espíritu, alma y cuerpo cuando fue creado como ser viviente. Sin embargo, su cuerpo era diferente al cuerpo espiritual resucitado y su alma era inocente como la de un niño recién nacido. Por lo tanto, Dios mismo le enseñó a Adán el conocimiento de lo espiritual, caminando y estando con él por un período bastante largo.

Adán no tenía ninguna clase de maldad en el Huerto del Edén. Sin embargo, las almas en el Alto Sepulcro no son tan buenas como era Adán, porque ya han heredado la naturaleza pecaminosa de sus padres, quienes ya han experimentado el cultivo y la vida del ser humano en esta Tierra por generaciones.

Desde la caída de Adán, todos sus descendientes a partir de entonces han heredado el pecado original de sus padres.

Los niños de hasta cinco años de edad

¿Cómo pueden los niños de hasta cinco años de edad ser salvos, si no saben lo que es bueno o malo y no aceptan ni pueden confesar todavía su fe? La salvación de los niños de esta edad depende de la fe de sus padres, y en especial la de sus madres.

Un niño puede ser salvo si sus padres tienen la clase de fe para ser salvos y para criar a su hijo en la fe (1 Corintios 7:14).

39

No obstante, no es cierto que un niño no llegue a ser salvo simplemente porque los padres no tienen fe.

En este caso también podremos ver el amor de Dios. El capítulo 25 de Génesis nos muestra que Dios ya sabía, desde el vientre de su madre, que en el futuro Jacob sería más grande que su hermano mayor Esaú. El Dios Omnisciente guía a la salvación a todos los niños que mueren antes de los cinco años conforme al Juicio de conciencia. Esto es posible porque Dios sabe si esos niños, si vivieran más años, van a aceptar al Señor al escuchar el Evangelio en el transcurso de sus vidas.

Sin embargo, los niños cuyos padres no tienen fe y quienes no aprueban el juicio de conciencia inevitablemente irán al Hades, que es parte del Infierno, y serán atormentados allí.

El Juicio de conciencia y la fe de sus padres

De esta forma, la salvación de los niños depende en gran medida de la fe de sus padres. Por lo tanto, los padres tienen que criar a sus hijos de acuerdo a la voluntad de Dios para que éstos no vayan al Infierno.

Hace mucho tiempo, cierta pareja que no había tenido hijos tuvieron uno porque hicieron un voto en oración. No obstante, el niño murió prematuramente en un accidente de tránsito.

Orando llegué a entender la razón de la muerte de su hijo. Esto sucedió porque la fe de los padres del niño se apagó y se alejaron de Dios. El niño no podía asistir a la escuela inicial que estaba asociada con la iglesia porque sus padres se entregaron a una forma de vida mundana. Por consiguiente, el niño empezó a cantar canciones seculares en vez de canciones de alabanza a Dios.

En ese momento, el niño tenía la fe necesaria para ser salvo, pero no podía serlo si crecía bajo la influencia de sus padres. En esta situación, Dios, a través del accidente de tránsito, llamó al niño a la vida eterna y les dio a sus padres la oportunidad de arrepentirse. Si los padres se hubieran arrepentido y se hubieran vuelto a Dios, sin tener que ver a su hijo morir violentamente, Dios no habría tomado esa medida.

La responsabilidad de los padres en el crecimiento espiritual de sus hijos

La fe de los padres tiene una influencia directa en la salvación de sus hijos. La fe de los hijos no podrá crecer adecuadamente si sus padres no se interesan por su crecimiento espiritual y tan sólo se limitan a llevarlos a la escuela dominical.

Los padres deben orar por sus hijos, examinar si éstos siempre adoran a Dios en espíritu y con un corazón verdadero, y enseñarles a llevar una vida de oración en el hogar siendo de buen ejemplo para ellos.

Animo a todos los padres a estar alertas y vigilantes de su propio nivel de fe, y criar a sus amados hijos en el Señor. Ruego para que toda su familia pueda disfrutar de la vida eterna en el Cielo.

Los niños de seis años hasta la edad de la preadolescencia

¿Cómo pueden ser salvos los niños de la edad de seis años hasta los años de la preadolescencia, aproximadamente hasta los 12 años de edad?

Estos niños pueden entender el Evangelio cuando lo escuchan y también pueden decidir creer, no totalmente, es cierto, pero al menos hasta cierto grado, por propia voluntad y raciocinio.

Desde luego, la edad establecida aquí, podrá variar de acuerdo al caso particular de cada niño porque cada uno crece, se desarrolla y madura de diferente manera. El factor importante es que, por lo general, a esta edad los niños pueden creer en Dios por propia voluntad y razonamiento.

Por propia fe y no por la fe de sus padres

Los niños mayores de 6 años y hasta los 12 años de edad, tienen una buena percepción para decidir en cuanto a la fe. Por lo tanto, podrán ser salvos por su propia fe, sin tener en cuenta la fe de sus padres.

Sus hijos, por esta razón, sólo irán al Infierno si no los instruye en la fe aun cuando usted mismo pueda tener una fe sólida. Hay niños cuyos padres no son creyentes. En tales casos, es más difícil que los niños sean salvos.

La razón por la cual hago esta distinción entre la salvación de los niños antes y después de la pubertad es porque a través del abundante e inmenso amor de Dios, el juicio de conciencia puede ser aplicado al primer grupo.

Dios puede dar una oportunidad más a estos niños para alcanzar la salvación, porque ellos no pueden decidir completamente por su propia voluntad y razonamiento sobre ciertos asuntos ya que todavía están bajo la influencia de sus padres.

Los niños que son buenos, aceptan al Señor cuando escuchan el Evangelio y reciben el Espíritu Santo. Ellos también asisten a la iglesia, pero no pueden seguirlo haciendo porque sus padres, quienes adoran ídolos, se lo impiden. No obstante, durante sus primeros años de adolescencia, podrán escoger entre lo correcto y lo incorrecto por sí mismos, sin considerar la opinión de sus padres. Podrán mantener su fe si verdaderamente creen en Dios sin importar lo drástica que pueda ser la oposición de sus padres.

Imagínese a un niño que muere joven, pero que si hubiera vivido más tiempo hubiera llegado a tener una fe firme y constante. ¿Qué pasará con él entonces? Dios lo guiará a la salvación por el principio del Juicio de conciencia porque Dios conoce lo más profundo del corazón de ese niño.

Sin embargo, si un niño no acepta al Señor y no aprueba el juicio de conciencia, no tendrá ni una oportunidad más e inevitablemente irá al Infierno. Además, se entiende que la salvación de los que son mayores a la edad de la pubertad, depende únicamente de su propia fe.

Los niños que nacen en entornos malos o negativos

La salvación de un niño que no tiene la capacidad para

razonar ni juzgar en forma lógica ni correcta, depende en gran parte del espíritu (naturaleza, energía o fortaleza) de sus padres y antepasados.

Un niño puede nacer con algún desorden mental o estar poseído por demonios desde muy temprana edad debido a la maldad e idolatría de sus padres o antepasados. Esto sucede porque la descendencia de una familia está marcada por la influencia de sus padres y antepasados.

Al respecto, Deuteronomio 5:9-10 nos advierte lo siguiente:

"No te inclinarás a ellas ni las servirás; porque yo soy Jehová tu Dios, fuerte, celoso, que visito la maldad de los padres sobre los hijos hasta la tercera y cuarta generación de los que me aborrecen, y que hago misericordia a millares, a los que me aman y guardan mis mandamientos".

1 Corintios 7:14 también señala: *"Porque el marido incrédulo es santificado en la mujer, y la mujer incrédula en el marido; pues de otra manera vuestros hijos serían inmundos, mientras que ahora son santos".*

De esa manera, es muy difícil que los niños sean salvos si sus padres no viven una vida de fe.

Y como Dios es amor, no se alejará de aquellos que invocan Su nombre aún cuando hayan nacido con una naturaleza malvada a causa de sus padres o antepasados. Ellos podrán ser salvos porque Dios responderá a sus oraciones cuando se arrepientan, cuando traten de vivir por Su Palabra en todo tiempo, y cuando con perseverancia invoquen Su nombre.

Hebreos 11:6 cita: *"Pero sin fe es imposible agradar a Dios; porque es necesario que el que se acerca a Dios crea que le hay, y que es galardonador de los que le buscan".* Incluso si alguien naciera con una naturaleza malvada, Dios cambiará esa naturaleza en una buena y le guiará al Cielo cuando con buenas acciones y sacrificios de fe lleguen a agradarle.

Los que no pueden buscar a Dios por sí mismos

Algunas personas no pueden buscar a Dios por fe porque padecen de desordenes mentales o están poseídos por demonios. ¿Qué deberían hacer entonces?

En tal caso, sus padres o los miembros de la familia deben mostrar, en lugar de aquellas personas, un nivel de fe adecuado ante Dios. El Dios de amor entonces abrirá la puerta de la salvación, viendo su fe y sinceridad.

Los padres serán responsables del destino de sus hijos si éstos mueren antes de tener la oportunidad de ser salvos. Por eso, vivir por fe es muy importante, no solamente para los padres mismos, sino también para su descendencia.

Usted debe entender el corazón de Dios, quien valora un alma más que todo el mundo. Le animo a que tenga abundante amor para instruir en la fe no sólo a sus hijos sino también a los niños de sus vecinos y familiares.

¿Fueron salvos Adán y Eva?

Adán y Eva fueron expulsados a la Tierra después que, desobedeciendo, comieron del árbol del conocimiento del bien y del mal y nunca llegaron a escuchar el Evangelio. La pregunta es: ¿Fueron salvos? Permítame explicarles sí Adán y Eva recibieron la salvación.

Adán y Eva desobedecieron a Dios

En el principio, Dios creó a su propia imagen a los primeros seres humanos, Adán y Eva; y les dio su infinito amor. Dios creó todas las cosas para que vivieran en abundancia y los puso en el Jardín del Edén. Allí, a Adán y Eva, no les faltaba nada.

Además, Dios le dio a Adán gran poder y autoridad para gobernar sobre todas las cosas en el universo. Adán rigió sobre todos los seres vivientes en la Tierra, en el Cielo y debajo de las aguas. Satanás y el diablo no se atrevían a entrar al Huerto del Edén porque estaba guardado y protegido por Adán.

Al caminar con ellos, Dios mismo los educó espiritualmente, con mucho amor y bondad, así como un amoroso padre enseñaría todo a sus amados hijos, desde la A hasta la Z. A ellos no les faltaba nada pero fueron tentados por la astuta serpiente y comieron del fruto prohibido.

Llegaron a experimentar la muerte conforme a la Palabra que Dios dijo en el sentido que ciertamente morirían (Génesis 2:17). En otras palabras, su espíritu murió aun cuando habían sido seres vivientes. Como resultado, fueron expulsados del hermoso

Huerto de Edén a la Tierra. El cultivo del ser humano empezó en la Tierra bajo esta maldición y toda la creación, a su vez, también estuvo bajo maldición.

¿Fueron salvos Adán y Eva? Algunos tal vez crean que no fueron salvos porque toda la creación debido a su pecado estuvo bajo maldición y porque, a partir de ese momento, todos sus descendentes, en primer lugar, han sufrido por esa desobediencia. A pesar de ello, el Dios de amor ha dejado abierto el camino de la salvación para ellos.

El verdadero arrepentimiento de Adán y Eva

Dios le perdona si se arrepiente de todo corazón y se vuelve a Él, aunque esté contaminado con el pecado original y con toda clase de pecados cometidos por vivir en este mundo lleno de tinieblas y de maldad. Dios le perdona en tanto se arrepienta de todo corazón y se vuelva a Él aún si ha sido un asesino.

Comparados con la sociedad actual, Adán y Eva en realidad tenían un corazón puro y bueno. Además, Dios mismo les instruyó con tierno amor durante un largo período de tiempo. Entonces, ¿cómo podría Dios enviar a Adán y a Eva al Infierno sin perdonarles después que se arrepintieron de todo corazón?

Adán y Eva sufrieron mucho mientras estaban siendo cultivados, viviendo en esta Tierra. Ellos pudieron haber vivido en paz y para siempre, comiendo toda clase de frutos en el Huerto de Edén. Ahora tenían que esforzarse y sudar para poder comer, y Eva iba a dar a luz con más dolor. Lloraron y sufrieron con gran aflicción producto de su pecado. Adán y Eva presenciaron cómo uno de sus hijos asesinó a otro.

¿Se imaginan cuánto habrán extrañado su vida bajo la protección y el amor de Dios en el Huerto de Edén al vivir esa agonía en este mundo? Cuando vivían en el Huerto, no llegaron a apreciar la felicidad que tenían y por eso no fueron agradecidos con Dios porque no supieron valorar su vida, la abundancia que tenían y el amor de Dios.

Sin embargo, ahora pudieron entender lo feliz que habían sido y pudieron agradecer a Dios por el abundante amor que les había dado. Al final, se arrepintieron completamente de sus pecados del pasado.

Dios abrió para ellos la puerta de la salvación

La paga del pecado es muerte, pero Dios que gobierna con amor y paciencia perdona el pecado en tanto haya un completo y total arrepentimiento.

El Dios de amor permitió que Adán y Eva entraran al Cielo después de aceptar su arrepentimiento. No obstante, fueron a duras penas salvos y fueron al Paraíso porque Dios también es justo. Su pecado, es decir, dar la espalda al gran amor de Dios, no fue uno leve. Adán y Eva, por su desobediencia, han sido los responsables de la necesidad del cultivo del ser humano, así como del sufrimiento, dolor y muerte de sus descendientes.

Aun cuando en Su providencia, Dios había permitido que Adán y Eva comieran del árbol de la ciencia del bien y del mal, este acto mismo de desobediencia ocasionó el sufrimiento y la muerte a infinidad de personas. Por lo tanto, ellos no podían ir a una mejor morada en el Cielo, sino al Paraíso y, por supuesto, no podían recibir ninguna recompensa de gloria.

Dios obra con amor y justicia

Pensemos por un instante en el amor y la justicia de Dios tomando como ejemplo al apóstol Pablo.

Pablo, cuando aún no había tenido un encuentro con el Señor, era el líder principal de los que perseguían a los que creían en Jesús y los encarcelaba. Cuando Esteban murió como mártir, mientras veía al Señor en los Cielos abiertos, Pablo miraba como era apedreado hasta morir y pensaba que esto era lo correcto.

No obstante, Pablo, estando de camino a Damasco, tuvo un encuentro con Jesús y lo aceptó como su Señor. En ese momento, el Señor le dijo que sería apóstol para los gentiles y que sufriría mucho. Desde entonces, el apóstol Pablo se arrepintió totalmente de sus pecados y dedicó el resto de su vida al Señor.

Pablo pudo entrar a la Nueva Jerusalén porque llevó a cabo su misión con gozo a pesar del mucho sufrimiento, y fue lo bastante fiel para dar su vida por el Señor.

En este mundo, la ley de la naturaleza implica cosechar lo que uno siembra. Lo mismo sucede en el mundo espiritual. Usted segará bondad, si ha sembrado bondad; y segará maldad, si ha sembrado maldad.

Como se puede ver a través de la vida del apóstol Pablo, debe guardar su corazón, estar alerta y vigilante, y tener presente que las pruebas que vienen en su vida son resultado de sus malas acciones en el pasado, aun cuando haya sido perdonado por ellas por un sincero arrepentimiento.

¿Qué sucedió con Caín, el primer homicida?

¿Qué sucedió con Caín, el primer homicida sobre la Tierra, quien murió sin haber escuchado jamás el Evangelio?

Examinemos si fue o no salvo por el Juicio de conciencia.

La ofrenda de Caín y Abel

Adán y Eva procrearon hijos en la Tierra después de ser expulsados del Huerto del Edén; Caín fue el primogénito y Abel fue el hermano menor de Caín. Cuando crecieron, ambos dieron una ofrenda a Dios. Caín trajo algunos frutos de la tierra como ofrenda para Dios; pero Abel trajo las primeras crías de sus ovejas, de lo mejor de ellas.

Dios miró con agrado la ofrenda de Abel pero no así la de Caín. La pregunta es, ¿por qué Dios miró con agrado la ofrenda de Abel?

No se debe dar una ofrenda a Dios en contra de Su voluntad. De acuerdo a la ley del mundo espiritual, usted debería adorar a Dios con la sangre del sacrificio que puede perdonar pecados. Por consiguiente, en los tiempos del Antiguo Testamento, la gente sacrificaba bueyes o corderos para adorar a Dios y en los tiempos del Nuevo Testamento, Jesús el Cordero de Dios, llegó a ser el sacrificio expiatorio al derramar Su sangre.

Dios le acepta con agrado, responde a su oración y le bendice cuando usted le adora con la sangre del sacrificio; es decir, solamente cuando le adora en espíritu. Sacrificio espiritual significa adorar a Dios en espíritu y en verdad. Dios no recibe su adoración con agrado si se duerme durante la prédica o si escucha el mensaje pensando en otras cosas.

Dios miró con agrado sólo la ofrenda de Abel

Adán y Eva naturalmente conocían muy bien la ley espiritual concerniente a las ofrendas de sacrificio porque Dios, por mucho tiempo, les había enseñando esta ley en el Huerto de Edén cuando caminaba con ellos. Por cierto, ellos también con toda seguridad debían haber enseñado a sus hijos cómo presentar una ofrenda correcta y apropiada a Dios.

Por una parte, Abel adoró a Dios con la sangre del sacrificio en obediencia a la enseñanza de sus padres. Por otra parte, Caín, de acuerdo a su propio criterio, no trajo la ofrenda de sacrificio sino algunos frutos de la tierra como ofrenda a Dios.

Acerca de esto, Hebreos 11:4 dice: *"Por la fe Abel ofreció a Dios más excelente sacrificio que Caín, por lo cual alcanzó testimonio de que era justo, dando Dios testimonio de sus ofrendas; y muerto, aún habla por ella"*.

Dios aceptó la ofrenda de Abel porque adoró con fe a Dios en espíritu, en obediencia a Su voluntad. Sin embargo, Dios no aceptó la ofrenda de Caín porque no le adoró en espíritu, sino que sólo le adoró de acuerdo a su propio criterio y opinión.

Caín mató a Abel por envidia

Al ver que Dios aceptó sólo la ofrenda de su hermano pero no la suya, Caín se enfadó mucho y su rostro se abatió. Finalmente, atacó a Abel y lo mató.

En sólo una generación, desde que empezó el cultivo del ser humano en esta Tierra, la desobediencia concibió la envidia, la envidia concibió la avaricia y el odio, y la codicia y el odio se manifestaron en un asesinato. ¡Qué terrible es esto!

Puede ver lo rápido que se contamina el corazón con el pecado una vez que se permite que el pecado entre en el corazón. Por esta razón, no debe permitir que ni el más leve pecado entre a su corazón, sino por el contrario, debe inmediatamente sacarlo.

¿Qué sucedió con Caín, el primer homicida? Algunos dicen que Caín no pudo ser salvo porque mató a un hombre justo, a su hermano Abel.

Caín conocía acerca de Dios por las enseñanzas de sus padres. Comparado con la sociedad de hoy, las personas que vivían en los días de Caín heredaron de sus padres un pecado original comparativamente más leve. Caín, aunque mató a su hermano por celos en un instante de ira, estaba también limpio en su conciencia.

Por lo tanto, aunque había cometido un asesinato, Caín pudo arrepentirse por medio del castigo de Dios y Dios mostró misericordia hacia él.

Caín fue salvo después de arrepentirse totalmente

En Génesis 4:13-15, vemos que Caín argumenta con Dios diciendo que su castigo es demasiado severo y duro, y apela a Su misericordia cuando Dios lo maldice y le hace vagar errante por la Tierra. Dios responde: *"Cualquiera que matare a Caín, siete veces será castigado"* (v.15). Y Dios colocó una marca en Caín a fin de que nadie lo matara.

En este versículo, podemos inferir que Caín se arrepintió sinceramente después de haber matado a su hermano. Sólo entonces, pudo volver a comunicarse con Dios y Dios puso una marca sobre él como muestra de Su perdón. Si Caín hubiese sido un caso perdido y hubiese estado condenado al Infierno, entonces ¿por qué Dios hubiera escuchado sus súplicas, y mucho menos le hubiera puesto una marca sobre él?

Caín tuvo que vagar errante sin descanso por la Tierra como castigo por matar a su hermano, pero al final fue salvo por haberse arrepentido de su pecado. Sin embargo, como en el caso de Adán, Caín fue salvo con dificultad y se le permitió vivir al borde, mas no en el centro, del Paraíso.

El Dios de justicia no podía dejar que Caín fuera a una mejor morada en el Cielo a pesar de su arrepentimiento. Aunque Caín vivió en una época comparativamente más limpia y menos pecaminosa que la actual, aún así tuvo maldad y mató a su propio hermano.

No obstante, Caín hubiera podido ir a un mejor lugar en el Cielo si hubiera cultivado y transformado su corazón en uno bueno y se hubiera esforzado por agradar a Dios con todas sus fuerzas y con todo su corazón. Sin embargo, la conciencia de Caín no era tan buena ni pura.

¿Por qué Dios no castiga inmediatamente a los malvados?

Usted puede hacerse muchas preguntas cuando vive una vida de fe. Por ejemplo: ¿Por qué Dios no castiga a los malvados? Otros sufren de enfermedades o mueren a causa de sus maldades. Sin embargo, otros que parecen ser muy fieles a Dios mueren muy jóvenes.

Por ejemplo: El Rey Saúl tuvo tal maldad en el corazón que intentó matar a David aun cuando sabía que Dios lo había ungido. Sin embargo, Dios no castigó inmediatamente a Saúl, y como consecuencia, Saúl persiguió aun más a David.

Este es un ejemplo de la providencia del amor de Dios. Dios quería, a través de la maldad de Saúl, hacer de David un vaso o un instrumento de honra y finalmente convertirlo en Rey de Israel. Por eso, el Rey Saúl murió en el momento en que Dios terminó de disciplinar a David.

Del mismo modo, dependiendo de cada individuo, Dios lo disciplina inmediatamente o le permite vivir sin castigo. Todo está dentro de la providencia y del amor de Dios.

Debería anhelar una mejor morada en el Cielo

Jesús dijo: *"Yo soy la resurrección y la vida; el que cree en mí, aunque esté muerto, vivirá. Y todo aquel que vive y cree en mí, no morirá eternamente. ¿Crees esto?"* (Juan 11:25-26).

Aquellos que fueron salvos al aceptar el Evangelio con toda seguridad resucitarán, tendrán un cuerpo espiritual, y disfrutarán la gloria eterna en el Cielo. Aquellos que todavía estén vivos en la Tierra, serán tomados en una nube para reunirse con el Señor en el aire cuando descienda del Cielo. En la medida en que se asemeje más a Dios, tendrá una mejor morada en el Reino de los Cielos.

Al respecto, Jesús nos dice en Mateo 11:12: *"Desde los días de Juan el Bautista hasta ahora, el reino de los cielos sufre violencia, y los violentos lo arrebatan"*. El Señor nos dio otra promesa cuando dijo: *"Porque el Hijo del Hombre vendrá en la gloria de su Padre con sus ángeles, y entonces pagará a cada uno conforme a sus obras"* (Mateo 16: 27). Y en 1 Corintios 15:41 también menciona que *"Una es la gloria del sol, otra la gloria de la luna, y otra la gloria de las estrellas, pues una estrella es diferente de otra en gloria"*.

Usted debe anhelar una mejor morada en el Cielo. Debe procurar santificarse más y ser fiel en toda la casa de Dios para entrar a la Nueva Jerusalén donde está el trono de Dios. Como un agricultor en el momento de la cosecha, Dios quiere llevar a la mayor cantidad de almas a un mejor lugar en el Reino de los Cielos a través del cultivo del ser humano en este mundo.

Debe conocer bien el mundo espiritual para ir al Reino de los Cielos

Los que no llegaron a conocer a Dios ni a aceptar a Jesucristo, aun si han alcanzado la salvación por el Juicio de conciencia difícilmente podrán entrar a la Nueva Jerusalén.

Hay personas que no conocen en forma clara la providencia del cultivo de la humanidad, ni el corazón de Dios, ni el mundo espiritual, aun cuando han escuchado el Evangelio. Por lo tanto, no saben que sólo los violentos arrebatan el Reino de los Cielos ni tampoco tienen la esperanza de ir a la Nueva Jerusalén.

Dios nos dice: *"Sé fiel hasta la muerte, y yo te daré la corona de la vida"* (Apocalipsis 2:10). Dios le recompensará abundantemente en el Cielo de acuerdo a lo que haya sembrado. Esta recompensa será aun más preciosa porque se eternizará en gloria.

Cuando tiene esto presente, estará esperando, listo y preparado para alcanzar el nivel del espíritu completo, como la hermosa novia del Señor, al igual que las cinco vírgenes prudentes.

1 Tesalonicenses 5:23 cita: *"Y el mismo Dios de paz os santifique por completo; y todo vuestro ser, espíritu, alma y cuerpo, sea guardado irreprensible para la venida de nuestro Señor Jesucristo"*.

Por tanto, debe prepararse diligentemente como la novia del Señor para llegar a este nivel del espíritu completo antes del retorno del Señor Jesucristo, o antes que Dios lo llame a Su presencia.

No es suficiente ir a la iglesia todos los domingos y confesar "¡yo creo en Dios!". Debe despojarse de toda la maldad que hay en su corazón y ser fiel en toda la casa de Dios. Y en la medida en que agrade más a Dios, irá a una mejor morada en el Cielo.

Sabiendo de esta promesa, le animo a vivir como un verdadero hijo de Dios.

Ruego en el nombre del Señor, para que usted no solamente camine con el Señor aquí en la Tierra, sino que también llegue a vivir cerca del trono de Dios eternamente en el Cielo.

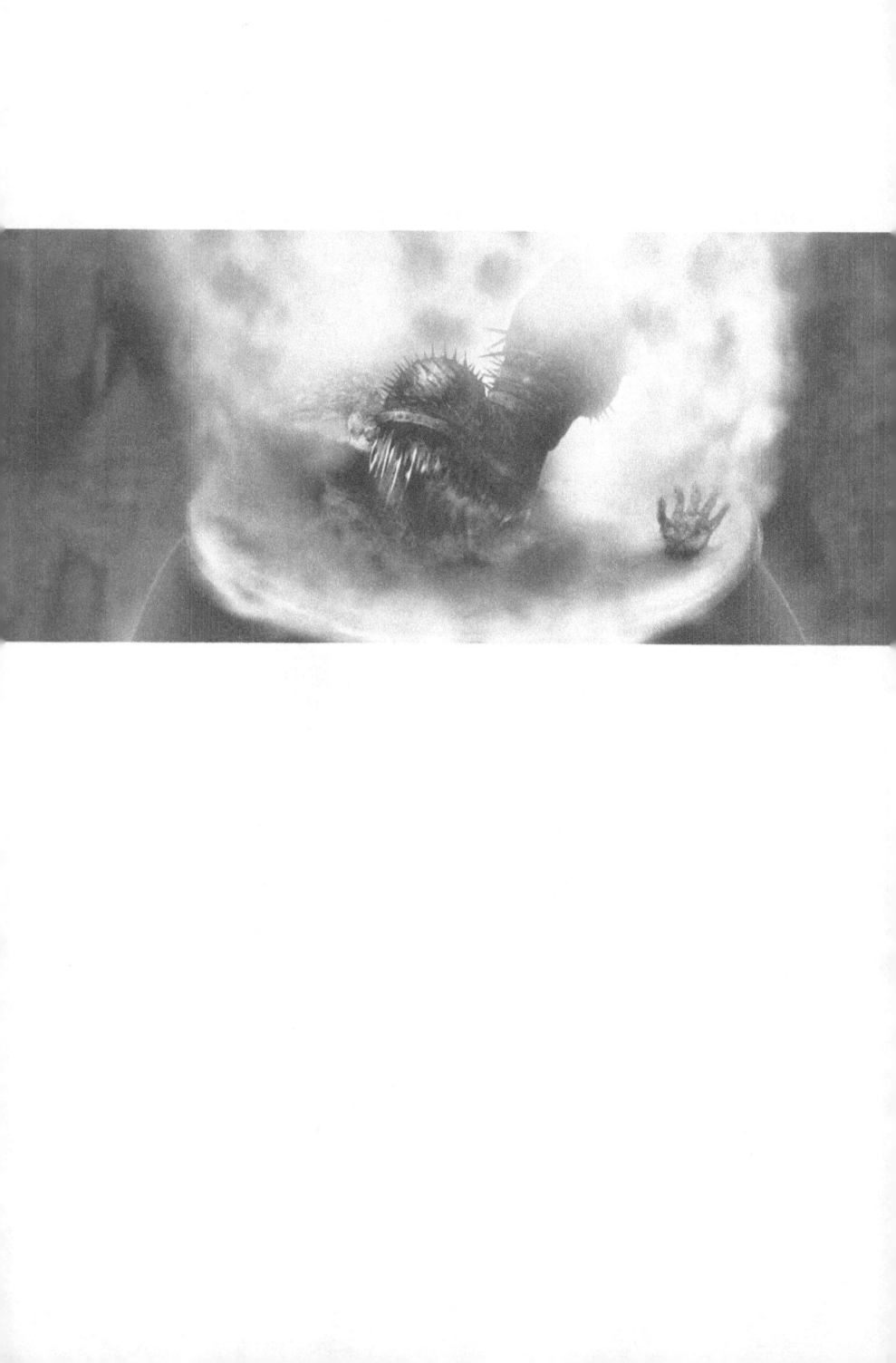

Capítulo 3

El Hades y la identidad de los mensajeros del Infierno

*"Porque si Dios no perdonó a los ángeles
que pecaron, sino que arrojándolos
al infierno los entregó a prisiones de
oscuridad, para ser reservados al juicio."*
- 2 Pedro 2:4 -

*"Los malos serán trasladados al Seol,
Todas las gentes que se olvidan de Dios."*
- Salmos 9:17 -

Cada año durante la cosecha, los agricultores se gozan con la esperanza de obtener buenos frutos. Sin embargo, es difícil que siempre cosechen trigo de primera clase aunque trabajen arduamente día tras día, noche tras noche, rociando fertilizantes y quitando la mala hierba, entre otras cosas. A la hora de la cosecha, puede que haya crecido trigo de segunda o tercera categoría, e incluso paja o cizaña.

La paja no se come como alimento. Además, no se puede guardar junto al trigo, porque lo malograría. Por eso, un agricultor recoge la paja y la quema o la usa como abono.

Lo mismo sucede con la cultivo de la humanidad que Dios hace en la Tierra. Dios busca verdaderos hijos que también tengan la imagen perfecta y santa de Él. No obstante, hay algunas personas que no se despojan completamente de sus pecados y otros que están totalmente consumidos por la maldad y pierden el propósito que Dios tenía para ellos. Dios quiere hijos santos y verdaderos. Sin embargo, en su infinita misericordia, también lleva al Cielo incluso a aquellos que murieron antes de despojarse completamente de sus pecados pero que se esforzaron por vivir una vida de fe.

Dios no envía al Infierno a los que tienen fe, no importa que ésta sea del tamaño de un grano de mostaza, como para depender de la sangre de Jesús, aun cuando el propósito original de Dios ha sido el de cultivar y de formar sólo hijos que vivan en la verdad. Ahora bien, los que no creen en Jesucristo y rechazan a Dios hasta el final, no tienen otra opción sino ir al Infierno porque han escogido el camino de la perdición por la maldad que hay en su corazón.

No obstante, ¿cómo van al Infierno las almas que no son salvas y cómo son castigadas allí? Explicaré en detalle el Hades, que es una parte del Infierno, y también la identidad de los mensajeros del Infierno.

Los mensajeros del Infierno llevan las almas al Hades

Por una parte, cuando muere un creyente salvo por fe, dos ángeles vienen para llevarlo al Alto Sepulcro que es parte del Cielo. En Lucas 24:4 encontramos a dos ángeles que esperaban a Jesús después de Su sepultura y resurrección. Por otra parte, cuando muere alguien no salvo, dos mensajeros del Infierno vienen para llevarlo al Hades. Generalmente es posible saber si alguien en su lecho de muerte es salvo o no observando la expresión de su rostro.

En el último instante, antes de morir

Antes de morir los ojos espirituales de las personas son abiertos. Si ve ángeles de luz, muere en paz con una sonrisa en los labios y su cuerpo no se pone rígido rápidamente. Incluso después de dos o tres días, el cadáver no se descompone ni exhala mal olor, y parece que todavía estuviera vivo.

Sin embargo, ¡qué terrible se debe sentir alguien que no es salvo al ver a los horribles mensajeros del Infierno que vienen por él! Mueren llenos de pavor, y no pueden cerrar sus ojos.

Si uno no está seguro de su salvación, los ángeles y los mensajeros del Infierno luchan por llevarse esa alma. Por eso, la persona estará muy angustiada al momento de morir. Se imaginan lo temeroso y afligido que estará al ver a los mensajeros del Infierno formular cargos contra él, diciendo constantemente: "¡No tiene fe para ser salvo!"

Cuando alguien que tiene una fe débil está en su lecho de muerte, los hermanos que son fuertes en la fe deben ayudarle a fortalecer su fe por medio de la adoración y la alabanza. Entonces, por esa fe, podrá ser salvo incluso estando a punto de morir, aunque sólo reciba una salvación vergonzosa; es decir, en el último instante, y vaya sólo al Paraíso.

Podrá ver que esa persona se llena de paz porque recibe la fe necesaria para ser salvo, mientras que los demás a su alrededor adoran y alaban a Dios por él. Cuando un siervo que tiene una fe fuerte y firme está en su lecho de muerte, no necesita que se le ayude a tener más fe. Es mejor darle esperanza y gozo.

Un lugar de espera en el camino al mundo de los espíritus malignos

Incluso alguien con una fe muy débil podrá ser salvo si en su lecho de muerte llega a tener verdadera fe por medio de la adoración y la alabanza. Si no es salvo, los mensajeros del Infierno lo llevan a ese otro lugar de espera que pertenece al Hades y en el que ha de adaptarse al mundo de los espíritus malignos.

Al igual que las almas salvas tienen un período de adaptación de tres días en el Alto Sepulcro, las almas no salvas permanecen por tres días en un lugar de espera que se asemeja a un gran hoyo en el Hades.

Tres días de adaptación en el lugar de espera

El lugar de espera en el Alto Sepulcro, donde las almas salvas permanecen por tres días, está lleno de júbilo, paz y esperanza por la gloria de la vida venidera. El lugar de espera en el Hades, sin embargo, es exactamente lo opuesto.

Las almas no salvas viven en permanente sufrimiento, recibiendo diversas clases de castigos de acuerdo a lo que han hecho en este mundo. Antes de ir al Hades las almas se preparan por tres días en este lugar de espera para vivir en el mundo de los espíritus malignos. Estos tres días en este lugar de espera no son de paz, sino sólo el comienzo de una vida de eterno sufrimiento.

Varias clases de aves con picos grandes y puntiagudos le dan de picotazos a estas almas. Estas aves son seres espirituales, horribles y repugnantes; muy diferentes a las aves de este mundo.

Las almas no salvas ya están separadas de sus cuerpos, y por eso, tal vez piensen que no sienten ningún dolor. Sin embargo, estas aves torturan a las almas, porque son seres espirituales.

Con cada picotazo que dan, estas aves destrozan los cuerpos de los no salvos, desangrándolos y también desollándolos. Estas almas tratan de esquivar el picotazo de las aves pero no pueden. Sólo luchan y se agachan con gritos. A veces, las aves les sacan los ojos.

Los diferentes castigos en el Hades

Después de permanecer tres días en el lugar de espera, a las almas no salvas se les asigna diferentes lugares de escarmiento en el Hades de acuerdo a la gravedad de los pecados que han cometido en este mundo. El Cielo es muy extenso. El Infierno también es muy vasto y hay infinidad de lugares preparados incluso en el Hades, que es sólo una parte del Infierno, para colocar a las almas no salvas.

Diferentes lugares de castigo

En términos generales, el Hades es oscuro y húmedo, y con un calor abrasador. Las almas no salvas serán constantemente torturadas y flageladas, sus cuerpos serán picoteados y desgarrados.

En este mundo, cuando a alguien se le amputa la pierna o el brazo, tiene que vivir sin ellos. Sin embargo, su agonía y discapacidad terminan una vez que muere. En el Hades, no obstante, si se le corta la cabeza, ésta se regenerará. Aunque se le ampute una parte de su cuerpo, pronto le será restaurada. De la misma manera en que no se puede cortar el agua con una espada muy filosa o con un cuchillo, ninguna tortura, picotazo, o desgarramiento de alguna parte del cuerpo terminará la agonía.

Los ojos le volverán a salir inmediatamente después de que las aves los picoteen. Incluso si está herido y sus intestinos se revientan y salen expedidos, su cuerpo inmediatamente se recompondrá. Y cuando está siendo atormentado se desangrará totalmente, pero no morirá porque volverá a recuperar su sangre. Estos son los horribles castigos que lo atormentarán repetidamente.

Por eso, hay un río que nace de la sangre que derraman las almas en el Hades. Recuerde que el espíritu es inmortal. Al ser eternamente torturado en forma constante, su dolor también será eterno. Las almas suplican morir, pero no pueden ni se les permite morir. A causa de estas incesantes torturas, el Hades está lleno de gritos, lamentos y de olor a sangre descompuesta.

Llantos y gemidos de agonía en el Hades

Supongo que algunos de ustedes han podido vivir en forma directa lo que es una guerra. Si no es así, podrán haber visto algunas escenas horribles de llanto y dolor en las películas de guerra o documentales sobre historia. Personas heridas yacen por todos lados; algunos han perdido sus piernas o brazos, sus ojos están despedazados e incluso sus sesos están desparramados. Nadie sabe en qué momento el fuego de la artillería se va a desatar sobre ellos. El lugar está lleno de un humo sofocante de la artillería, olor a sangre, lamentos y gritos. Se podría llamar a esa escena como "un Infierno en la Tierra".

Sin embargo, la horrible escena que acabamos de describir en el Hades es mucho más patética y terrible que la peor escena de cualquier campo de batalla en este mundo. Además, las almas en el Hades no sólo sufren las torturas presentes, sino también sienten pavor de las torturas que han de venir.

El tormento es demasiado para estas almas y en vano tratan

de escapar. Además, lo que les espera es sólo el fuego flameante y penetrante, así como el azufre en lo más profundo del Infierno.

¿Se imaginan lo miserables y angustiados que se sentirán al ver el azufre ardiendo en el Infierno? Dirán: "Debí haber creído cuando me predicaron el Evangelio. ¡No debí haber pecado!" No obstante, no hay una segunda oportunidad. Ya no hay salvación para ellos.

Lucifer a cargo del Hades

No es posible que uno pueda imaginar la clase y la magnitud de castigo que hay en el Hades. Así como los métodos de tortura varían en este mundo, se puede decir lo mismo de las torturas en el Hades.

Algunos sufren viendo cómo se les pudre el cuerpo. Otros ven cómo diversos insectos y bichos se comen su cuerpo o lo mastican y le chupan la sangre. Por otra parte, otros son estrujados contra piedras calientes al rojo vivo o permanecen de pie sobre la arena que está siete veces más caliente de la que hay en las playas o en los desiertos de este mundo. En algunos casos, los mismos mensajeros del Infierno torturan a las almas. Otros métodos de tortura se aplican con agua, fuego y usando otras técnicas y mecanismos inimaginables.

El Dios de amor no gobierna este lugar para las almas no salvas. Dios ha dado a los espíritus malignos la autoridad para reinar sobre este lugar. El amo de todos los espíritus malignos, Lucifer, gobierna el Hades, en donde las almas no salvas se quemarán como la paja. No hay misericordia ni piedad aquí, y Lucifer tiene el control sobre cada área del Hades.

La identidad de Lucifer, amo de todos los espíritus malignos

¿Quién es Lucifer? Lucifer fue uno de los arcángeles a quien Dios amó mucho y lo llamó "hijo de la mañana" (Isaías 14:12). Sin embargo, se rebeló contra Dios y se convirtió en el amo de los espíritus malignos.

Los ángeles en el Cielo no tienen las características del ser humano ni tienen libre albedrío. Por eso no pueden escoger por propia voluntad y sólo obedecen al igual que los robots. Sin embargo, Dios dio específicamente a algunos ángeles esa característica humana para compartir Su amor con ellos. Lucifer, quien fue uno de esos ángeles, era el encargado de la música o de la alabanza en el Reino de los Cielos. Lucifer alababa a Dios con voz hermosa y precisa, así como con instrumentos musicales, y agradaba a Dios cantando para Su gloria.

No obstante, poco a poco se hizo arrogante debido a ese particular amor de Dios hacia él; y el deseo que tenía de llegar a ocupar un puesto de mayor jerarquía y ser más poderoso que Dios, al final lo condujo a rebelarse contra Él.

Lucifer desafió a Dios y se rebeló contra Él

La Biblia nos dice que una innumerable cantidad de ángeles siguieron a Lucifer (2 Pedro 2:4; Judas 1:6). Hay miles de ángeles en el Cielo y casi una tercera parte de ellos siguieron a Lucifer. ¡Ya puede imaginarse cuantos ángeles se unieron a Lucifer! Lucifer en su arrogancia se rebeló contra Dios.

¿Cómo fue posible que tantos ángeles siguieran a Lucifer? Uno puede entender esto fácilmente si piensa en el hecho de que los ángeles sólo obedecen órdenes del mismo modo en que lo hacen las máquinas o los robots.

Primero, Lucifer obtuvo el apoyo de algunos ángeles de primer orden o jerarquía, quienes estaban bajo su influencia, y luego atrajo fácilmente a los ángeles subordinados que estaban bajo la supervisión de esos ángeles principales.

Además de los ángeles, otros seres espirituales también se unieron a la rebelión de Lucifer, estos fueron los dragones y una parte de los querubines. Lucifer, quien se rebeló desafiando a Dios, finalmente fue derrotado y echado fuera del Cielo, donde originalmente estaba con sus seguidores. Entonces fueron encarcelados en el Abismo hasta el momento en que iban a ser usados para el cultivo de la humanidad.

"¡Cómo caíste del cielo, oh Lucero, hijo de la mañana! Cortado fuiste por tierra, tú que debilitabas a las naciones. Tú que decías en tu corazón: Subiré al cielo; en lo alto, junto a las estrellas de Dios, levantaré mi trono, y en el monte del testimonio me sentaré, a los lados del norte; sobre las alturas de las nubes subiré, y seré semejante al Altísimo. Mas tú derribado eres hasta el Seol, a los lados del abismo" (Isaías 14:12-15).

Lucifer, mientras estaba en el Cielo y gozaba del abundante amor de Dios, tenía una hermosura que sobrepasaba toda descripción. Después de su rebelión, sin embargo, se volvió feo y horrible.

Las personas que lo han visto con ojos espirituales dicen que Lucifer es tan horrible que a uno le da asco y nauseas solamente el verlo. Se ve lúgubre, con su cabello desgreñado, teñido de varios colores, como rojo, blanco y amarillo, surcando los Cielos.

Hoy en día, Lucifer induce a la gente a imitarlo en la vestimenta y en el estilo de peinado. Cuando la gente baila, se descontrola, se desenfrena y con sus dedos señala en forma tosca y vulgar a los demás.

Esta es la corriente y tendencia de nuestros tiempos que Lucifer ha creado y que prolifera a través de los medios de comunicación y de la cultura. Estas modas pueden dañar la sensibilidad de las personas y llevarlos al caos y la anarquía. Además, engañan a la gente para alejarla de Dios e incluso para negarlo.

Los hijos de Dios deben ser diferentes y no caer en la corriente del mundo. Si se deja llevar por ella, entonces lógicamente se alejará del amor de Dios, porque la moda del mundo apartará su corazón y su mente de Dios (1 Juan 2:15).

Los espíritus malignos hacen del Hades un lugar espantoso

Por una parte, el Dios de amor es la representación de la bondad misma. Él está preparando todo para nosotros, en Su sabio y buen intencionado propósito y juicio. Quiere que vivamos por siempre en la mayor de todas las felicidades en el hermoso y bello Cielo. Por otra parte, Lucifer es la maldad misma. Los espíritus malignos, como seguidores de Lucifer, están siempre pensando en la forma de atormentar a la gente con más dolor. En su perversa sabiduría hacen del Hades un lugar aun más terrible ideando toda clase de métodos de tortura.

Incluso en este mundo, a través de la historia, los pueblos han ideado diversos métodos crueles de tortura. Cuando Corea estuvo bajo el dominio de Japón, los japoneses torturaban a los líderes coreanos de los movimientos de independencia nacional perforando con agujas de bambú sus dedos debajo de las uñas o sacándoles una por una las uñas de las manos y de los pies. También echaban una mezcla de ají y agua en los ojos y en la nariz de los líderes de estos movimientos cuando estaban colgados boca abajo. Olores nauseabundos de carne quemada llenaban los cuartos de tortura porque los torturadores japoneses quemaban diversas partes de los cuerpos de los prisioneros con piezas de metal caliente. Sus órganos internos salían de sus estómagos mientras eran salvajemente golpeados.

¿Cómo se ha torturado a los criminales en Corea? Torcían las piernas de un criminal como una forma de tortura. El criminal estaba atado a la altura de los tobillos y rodillas, y luego dos estacas eran insertadas entre sus dos pantorrillas. Los huesos de las piernas del criminal eran hechos pedazos mientras el torturador movía las dos estacas. ¿Puede imaginarse lo doloroso que debe haber sido esto?

Las torturas que el hombre ha realizado son tan crueles, tanto como la imaginación del hombre pueda dar. Entonces,

¿se imaginan lo cruel y horrible que será cuando los espíritus malignos con una mayor sabiduría y habilidad torturen a las almas no salvas? Para ellos es un placer inventar diferentes métodos de tortura y experimentarlos con las almas no salvas.

Por eso, todos deben saber acerca del mundo de estos espíritus malignos. Entonces podrá tener dominio y control para vencerlos. Podrá fácilmente derrotarlos si se mantiene santo y limpio sin conformarse a la forma de vivir del mundo.

La identidad de los mensajeros del Infierno

¿Quiénes son estos mensajeros del Infierno que torturan a las almas condenadas en el Hades? Son ángeles caídos subordinados que siguieron a Lucifer en su rebelión antes del inicio del mundo.

"Y a los ángeles que no guardaron su dignidad, sino que abandonaron su propia morada, los ha guardado bajo oscuridad, en prisiones eternas, para el juicio del gran día" (Judas 1:6).

Los ángeles caídos no pueden mostrarse libremente al mundo porque Dios los ha confinado a la oscuridad hasta el Día del Juicio del Gran Trono Blanco. Algunos aseguran que los demonios son ángeles caídos pero eso no es verdad. Los demonios son almas no salvas que son liberadas del Hades para accionar bajo circunstancias especiales. Explicaré esto detalladamente en el capítulo 8.

Los ángeles que han caído con Lucifer

Dios sometió a los ángeles caídos en la oscuridad, el Infierno, hasta el Día del Juicio. Por lo tanto, estos ángeles caídos no pueden salir al mundo natural sino sólo en contadas ocasiones.

Todos ellos habían sido muy hermosos hasta que se rebelaron contra Dios. Sin embargo, desde que cayeron y llegaron a estar bajo maldición, los que ahora son llamados "mensajeros del Infierno" no son hermosos ni resplandecientes.

Estos mensajeros se ven tan lúgubres que sentirá repugnancia de ellos. Su imagen es parecida al rostro de los seres humanos, o en forma de diferentes animales repugnantes.

Su apariencia es similar a la de animales abominables, como los cerdos descritos en la Biblia (Levítico 11). Pero tienen imágenes grotescas y vulgares. También atavían sus cuerpos con diseños y colores grotescos.

Usan armaduras de hierro y zapatos militares. En sus cuerpos llevan afilados instrumentos de tortura. Casi siempre tienen un cuchillo, una lanza, o un azote en sus manos.

Tienen una actitud dominante y se puede sentir su gran poder cuando se mueven de un lado a otro porque están ejerciendo todo su poder y autoridad en la oscuridad. La gente tiene mucho miedo de los demonios, pero los mensajeros del Infierno son más aterradores que los demonios.

Los mensajeros del Infierno que torturan a las almas

¿Cuál es exactamente el papel de los mensajeros del Infierno? En primer lugar, están a cargo del Infierno y atormentan a las almas no salvas.

En el Hades hay torturas más específicas que ejecutan los mensajeros del Infierno y que están reservadas para los que reciben un mayor castigo. Por ejemplo, en forma de horribles cerdos y cortan en dos los cuerpos de las almas o los inflan como globos y los revientan o azotan.

Además, usan diversos métodos de tortura. Ni los niños se salvan de la tortura. Lo que realmente entristece nuestro espíritu es el hecho de que estos mensajeros del Infierno hincan o golpean a los niños sólo por diversión.

Por eso, debería hacer todo lo posible para evitar que ni siquiera un alma más vaya a este cruel, miserable y horrible lugar lleno de dolor y de sufrimiento eterno que es el Infierno.

En 1992 estuve al borde de la muerte a causa del excesivo estrés producto de demasiado trabajo. En ese momento, Dios me mostró a muchos de los miembros de mi iglesia que seguían un estilo mundano de vida. Yo esperaba ansioso reunirme con el Señor hasta que miré esta escena. Luego ya no pude anhelar estar con el Señor porque sabía que muchas de mis ovejas irían al Infierno.

Por tanto, lo pensé y cambié de parecer y le pedí a Dios que me devolviera la vida. Dios me dio la fuerza necesaria y, en un instante y para mi sorpresa, pude levantarme de mi lecho de muerte y llegué a recuperar mi total salud. El poder de Dios me dio vida otra vez. Debido a que conozco mucho y muy bien del Infierno, puedo proclamar diligentemente los secretos del Infierno que Dios me ha revelado con la esperanza de salvar al menos un alma más.

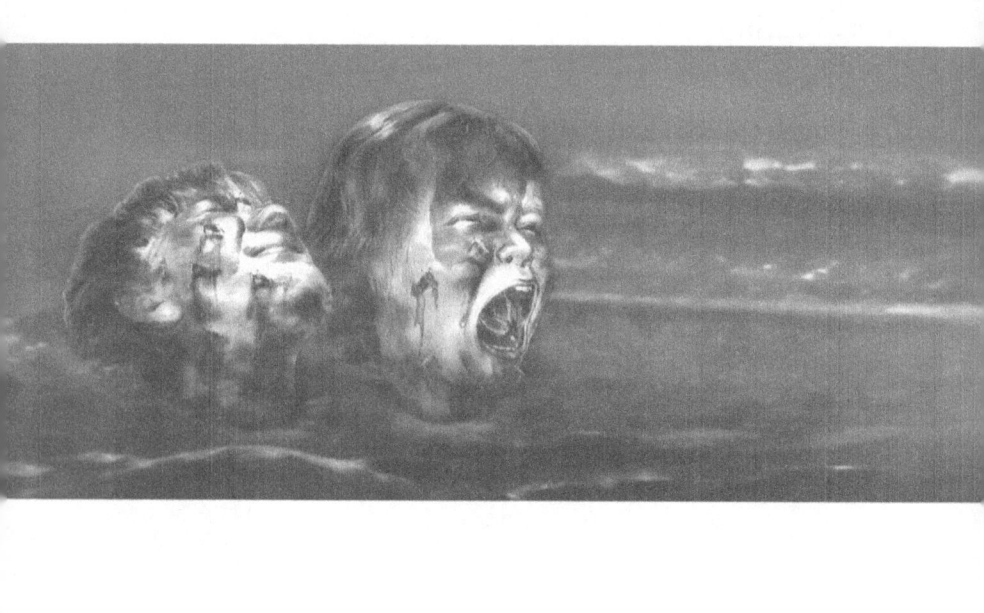

Castigos en el Hades a los niños no salvos

*"Que la muerte les sorprenda; Desciendan vivos al
Seol, Porque hay maldades en sus moradas,
en medio de ellos."*
- Salmos 55:15 -

*"Y mirando él atrás, los vio, y los maldijo en el
nombre de Jehová. Y salieron dos osos del monte, y
despedazaron de ellos a cuarenta y dos muchachos. De
allí fue al monte Carmelo, y de allí volvió a Samaria."*
- 2 Reyes 2:23-24 -

En el capítulo anterior describí cómo el arcángel caído Lucifer gobierna el Infierno y como otros ángeles caídos gobiernan bajo su liderazgo. Los mensajeros del Infierno torturan a las almas no salvas de acuerdo a la gravedad de sus pecados. En forma general, el tormento en el Hades está categorizado en cuatro niveles. El castigo más severo se aplica a las personas cuyas conciencias han sido cauterizadas y que se han opuesto a Dios, al igual que Judas que vendió a Jesús para su propio beneficio.

En los capítulos subsiguientes, explicaré en detalle las diferentes clases de tormentos impuestos a las almas no salvas en el Hades, que viene a ser parte del Infierno. Antes de profundizar en los castigos aplicados a los adultos, hablaré de las diversas clases de tormentos que se imponen a los niños no salvos de acuerdo a los diferentes grupos de edad.

Fetos y lactantes

Un niño desconsiderado o egoísta puede ir al Hades si no pasa el juicio de conciencia debido a la naturaleza pecaminosa heredada de sus padres no creyentes. Este niño recibirá un castigo relativamente ligero porque su pecado es leve comparado al de un adulto, pero aún así sufre de hambre y de un dolor insoportable.

Los niños lactantes lloran y sufren de hambre

Los bebés destetados, que aún no pueden caminar ni hablar, están separados por categorías y son confinados en un lugar espacioso. No pueden pensar, moverse ni caminar por sí mismos porque los bebés no salvos tienen las mismas características y conciencia que tenían al momento de su muerte.

Además no saben por qué están en el Infierno ya que no tienen ningún conocimiento almacenado en su cerebro. Sólo lloran de hambre por instinto porque no conocen a sus padres. El mensajero del Infierno podrá dar de punzadas en la barriga, el brazo, la pierna, el ojo, o en las uñas del niño con un objeto puntiagudo parecido a un taladro. El bebé entonces gime de llanto y el mensajero del Infierno sólo se ríe de placer. A pesar de que lloran constantemente, nadie los atiende. Su llanto continúa por el cansancio y el gran dolor. Además a veces estos mensajeros del Infierno se reúnen, toman un bebé, y lo inflan como un globo. Luego lo arrojan y lo patean, o juegan a atrapar al bebé. ¡Qué cruel y horrible es esto!

Los fetos abandonados no tienen afecto ni consuelo

¿Qué sucederá con los bebés que mueren antes de nacer? Como ya expliqué, la mayor parte de ellos son salvos pero hay algunas excepciones. Algunas criaturas no pueden ser salvas porque fueron concebidas por la peor naturaleza heredada de sus padres, quienes han pecado gravemente contra Dios y han obrado y vivido con extrema maldad. Las almas de los niños no salvos están también confinadas a un lugar similar al de los bebés.

No son torturados tan cruelmente como las almas de las personas adultas porque no tenían conciencia y no cometieron pecado al momento de su muerte. Su castigo y condena consiste en estar abandonados sin el abrigo o la comodidad que sintieron en el vientre de sus madres.

¿Cómo se ven los cuerpos en el Hades?

¿Qué forma tienen las almas no salvas en el Hades? Si un niño que ha dejado de lactar muere, es confinado allí con la misma forma de un niño destetado. Si un bebé muere en el vientre de su madre, es enviado al Hades con la forma de un feto. Por otra parte, cuando Jesucristo venga por segunda vez, las almas salvas en el Cielo tendrán cuerpos nuevos resucitados, aunque mantendrán la misma forma que tenían en este mundo. En ese momento, todos serán transformados en cuerpos espirituales que tendrán 33 años como el Señor Jesús. Una persona de estatura baja tendrá la altura ideal y alguien que no tenía una pierna o un brazo, le será restaurado.

Sin embargo, en el Infierno las almas no salvas no podrán tener un cuerpo resucitado ni aun luego de la Segunda Venida del Señor. No podrán resucitar porque no tienen vida eterna por no haber aceptado a Jesucristo y, por lo tanto, tendrán la misma forma o figura que tenían en el momento de su muerte. Sus rostros y cuerpos reflejarán un color azul oscuro de una palidez mortecina, semejante a cadáveres, con el cabello desordenado por el horror del Infierno. Algunos llevarán harapos, otros sólo alguna ropa, y algunos no tendrán nada con qué cubrir sus cuerpos.

En el Cielo las almas salvas llevarán hermosas túnicas blancas y coronas brillantes. Además, el brillo de sus túnicas y adornos

81

será diferente de acuerdo a la gloria y a la recompensa de cada uno. Por el contrario, en el Infierno, la apariencia de los no salvos será diferente de acuerdo a la magnitud y a la gravedad de sus pecados.

Bebés

Los bebés recién nacidos crecen y aprenden a ponerse de pie, a dar sus primeros pasos y a articular unas cuántas palabras. Cuando estos niños mueren, ¿qué clase de castigo les será impuesto?

Estos bebés también estarán agrupados en un lugar. Sufrirán instintivamente, porque no han podido razonar en forma lógica ni juzgar las cosas con madurez en el momento de su muerte.

Los niños horrorizados lloran por sus padres con insoportable dolor

Los niños recién empiezan a caminar cuando tienen solamente dos o tres años de edad. Por lo tanto, ni siquiera entienden que han muerto y no saben por qué están en el Infierno. Sin embargo todavía recuerdan a sus padres. Por eso lloran constantemente clamando: "¿Dónde estás mamita, dónde estás papito? ¡Quiero irme a casa! ¿Por qué estoy aquí?"

Cuando vivían en este mundo, sus madres venían rápidamente y los sostenían firmemente en sus brazos cuando se caían y se lastimaban las rodillas. Sin embargo, en el Hades sus madres no vienen a consolarlos aun cuando gritan y lloran, y sus cuerpos están bañados en sangre. ¿Acaso un niño no grita y llora de temor cuando pierde a su madre en el mercado o en una tienda?

No pueden encontrar a sus padres para que los protejan de este horrible Infierno. Tan sólo esto les causa pavor y un horror insoportable. Además las voces grotescas y las horribles carcajadas de los mensajeros del Infierno hacen que los bebés griten y lloren aun más fuerte, pero todo llanto es en vano.

Para pasar el tiempo los mensajeros del Infierno golpean las espaldas de estos niños, y los pisan o azotan. Y estos niños aterrorizados y llenos de dolor, tratan de agacharse o escapar. Sin embargo, como el lugar está lleno de almas, no pueden escapar; y entre lágrimas y gritos desgarradores, se enredan entre ellos, pisoteándose, hiriéndose y desgarrándose hasta desangrarse por todo el cuerpo. En medio de esta desgracia los niños lloran constantemente porque anhelan estar con sus madres, tienen hambre y están aterrorizados. De por sí, sólo estas condiciones ya son "un Infierno" para estos niños.

Es poco probable que niños de dos o tres años hayan cometido crímenes o hayan pecado gravemente. A pesar de eso, son castigados de este modo debido a su pecado original y a sus propios pecados. Imagínense, entonces, los castigos que recibirán los adultos en el Infierno, quienes han cometido pecados más graves que estos niños.

No obstante, todo aquel que acepta a Jesucristo, quien murió en la cruz y nos redimió de todo pecado, y vive conforme a la verdad y anda en la luz, es libre del castigo del Infierno. Podrá ir al Reino de los Cielos ya que sus pecados del pasado, del presente y del futuro han sido perdonados.

Niños que tienen suficiente edad para caminar y hablar

Los niños a los tres años ya empiezan a caminar y a pronunciar sus primeras palabras, corren y hablan bien. ¿Qué clase de castigos recibirán en el Hades estos niños de tres a cinco años?

Los mensajeros del Infierno los persiguen con lanzas

Los niños de tres a cinco años son castigados por separado en un lugar oscuro, espacioso y abandonado. Corren con toda su fuerza sin dirección alguna a fin de evitar que los mensajeros del Infierno los cacen con unas lanzas de tres puntas.

Una lanza de tres puntas o tridente es aquella cuya parte superior está dividida en tres secciones. Los mensajeros del Infierno cazan las almas de estos niños, agujereándolos con estos tridentes de la manera en que un cazador persigue a su presa. Al final estos niños llegan a un precipicio, y en lo profundo de ese abismo, ven agua hirviendo como lava que sale de un volcán en actividad. Al comienzo estos niños dudan en saltar, pero no les queda otra opción sino lanzarse al agua hirviendo para evitar que los mensajeros del Infierno los atrapen. No tienen otra elección.

Luchando por salir del agua hirviendo

Los niños han evitado los pinchazos de las lanzas, pero ahora están en el agua hirviendo. ¿Puede imaginarse lo doloroso que debe ser esto? Como el agua hirviendo entra por su nariz y boca, los niños tratan de mantener al menos su cabeza por encima del agua hirviendo. Al ver esto, los mensajeros del Infierno los molestan, diciéndoles: "¿No se están divirtiendo?" o "¡Qué entretenido!" Luego les gritan: "¿Quién dejó que estos niños vinieran al Infierno? ¡Hagamos que sus padres pequen y se pierdan, y cuando mueran vengan también aquí y vean cómo sus hijos sufren y son atormentados!"

En ese momento, los niños al intentar escapar del agua hirviendo son atrapados en una gran red al igual que los peces y son arrojados de nuevo al lugar donde todo empezó. Y a partir de allí, toda esa dolorosa escena, que se inicia con la persecución de los niños por los mensajeros del Infierno, hasta que se lanzaron al agua hirviendo, se repite sin fin una y otra vez.

Estos niños solamente tienen tres a cinco años de edad, y no pueden correr muy bien. A pesar de eso, tratan de hacerlo lo más rápido posible para evitar ser alcanzados por los mensajeros del Infierno que los persiguen de cerca con los tridentes y luego llegan al borde del precipicio. Se lanzan al agua hirviendo otra vez y luchan por salir de allí. Luego son atrapados en una gran red y son echados de nuevo al lugar inicial. Esto se repite interminablemente. ¡Se imaginan lo miserable y lamentable de esta escena!

¿Alguna vez se ha quemado el dedo con una plancha o con

una olla caliente? Si lo ha hecho sabrá lo doloroso que es. Ahora, imagínese que todo su cuerpo es cubierto con agua hirviendo, o que está sumergido en agua ardiendo en una gran olla. Tan sólo pensar en ello ya es doloroso y horrible.

Si alguna vez ha sufrido una quemadura de tercer grado, podrá recordar bien lo extremadamente dolorosa que ha sido. Quizá también recuerde el color rojo de la carne viva por dentro, el mal olor, y el terrible y fétido hedor de la carne quemada en descomposición por las células muertas.

Incluso si la parte quemada se sana, a menudo quedan feas cicatrices. La mayoría de personas tienen problemas para relacionarse con los demás debido a las marcas que han dejado esas cicatrices. A veces, incluso, a la misma familia le resulta difícil comer con ellos. Durante el tratamiento, el paciente no puede soportar la picazón de la piel quemada, y en el peor de los casos, estas personas sufren de trastornos mentales o se suicidan por la sensación de sofocamiento y la agonía que produce el tratamiento. Si un niño se quema, sus padres también sienten en su corazón el mismo dolor.

No obstante, la peor quemadura en este mundo no se compara con el castigo que recibirán eternamente en el Infierno las almas de los niños. La magnitud del dolor y crueldad de los castigos impuestos a estos niños en el Infierno sobrepasa nuestra imaginación.

No hay a dónde correr o dónde esconderse de estos castigos recurrentes

Los niños corren y corren para evitar que los cacen con esos tridentes, y caen desde un precipicio al agua hirviendo. Están totalmente sumergidos en agua hirviendo, y esta especie de lava viscosa, que despide un olor nauseabundo, se adhiere al cuerpo. Además, cuando tratan de salir de ese pozo, ese líquido hirviendo, hediondo y pegajoso, entra por su nariz y su boca. ¿Cómo se podría comparar esto con cualquier clase de quemadura, por más grave que sea, que sufra en este mundo?

Estos niños están en sus cabales y conscientes cuando son torturados sin descanso. No pueden enloquecer, ni desmayarse para no sentir el dolor en el Infierno. ¡Qué horrible es esto!

Así es como los niños de tres, cuatro, o cinco años de edad sufren en el Hades de este terrible dolor como castigo por sus pecados. ¿Podrá, entonces, de algún modo imaginar la clase y la magnitud del castigo que espera a las personas adultas en el Infierno?

Niños de seis a doce años de edad

¿Qué clases de castigo se aplicará en el Hades a los niños no salvos de seis hasta los doce años?

Enterrados cerca de un río de sangre

Desde la creación del mundo, infinidad de almas no salvas han derramando su sangre al ser atormentadas en el Hades. ¿Se imaginan la cantidad de sangre que habrán derramado, especialmente si sus brazos y piernas vuelven a salir inmediatamente después que les son cortadas?

Es suficiente como para llenar un río porque su castigo se repite sin cesar y sin importar lo mucho que se hayan desangrado. Aun en este mundo, luego de una guerra o de una masacre, la sangre de los muertos llega a formar pequeños charcos. Y el aire se llena de un olor fétido que proviene de la sangre en descomposición. Durante el verano, el olor es peor, abundan toda clase de insectos dañinos y se presentan epidemias de enfermedades infecciosas.

En el Hades no hay pequeños charcos sino un profundo y ancho río de sangre. Los niños de seis a doce años son castigados en la orilla del río y allí se les entierra. Mientras más graves sean los pecados que hayan cometido, más cerca al río y más profundo son enterrados.

Cavando la tierra

Los niños que están más alejados del río de sangre no están enterrados. Sin embargo, tienen tanta hambre que constantemente cavan en la dura tierra, usando sólo sus manos, en busca de algo para comer. Cavan en vano, desesperadamente, hasta quedarse sin uñas y la punta de sus dedos se les hincha de tal manera que parece que fueran a reventar. Sus dedos se reducen hasta la mitad de su tamaño normal por tanto cavar y sangran constantemente. Incluso se pueden ver los huesos de sus dedos. Al final, las palmas de sus manos, así como sus dedos, quedan destruidos. Pero a pesar del dolor, los niños continúan excavando en un esfuerzo inútil por encontrar alimento.

A medida que uno se acerca al río, fácilmente podrá notar que los niños son más malvados. Mientras más malvados son, más cerca están del río. Incluso, estando enterrados hasta la cintura, se pelean entre ellos para arrancarse a mordiscos un poco de carne por el hambre que tienen.

Los más malvados son castigados cerca de la orilla del río y son enterrados hasta el cuello. En este mundo si se entierra a alguien hasta el cuello morirá poco a poco, porque la sangre no podrá circular por el cuerpo. El hecho de que no haya muerte sólo significa una eterna agonía para las almas no salvas que son castigadas en el Infierno.

Sufren por el fétido olor del río. Toda clase de insectos como mosquitos o moscas pican los rostros de los niños, pero éstos no pueden matar a los insectos porque están enterrados hasta el cuello. Finalmente, sus rostros se hinchan hasta quedar desfigurados.

Niños desdichados: juguetes de los mensajeros del Infierno

Esto de ningún modo quiere decir que el sufrimiento de los niños termina allí. Sus tímpanos se reventarán por la fuerte risa de los mensajeros del Infierno que están sentados a la orilla del río, riéndose y hablando entre ellos. Los mensajeros del Infierno también pisotean o se sientan sobre las cabezas de estos niños enterrados en el suelo.

Las ropas y zapatos de estos mensajeros tienen objetos puntiagudos. De este modo, rompen las cabezas de los niños, desfiguran sus rostros, o les arrancan por montones el cabello cuando los pisan o se sientan sobre ellos. También les cortan el rostro o les pisan sus cabezas. ¡Qué cruel castigo!

Tal vez usted se pregunte: "¿Es posible que un niño de edad escolar haya pecado de tal manera como para recibir ese cruel castigo?" Sin embargo, sin importar lo jóvenes que sean, tienen el pecado original y los pecados que han cometido deliberadamente. La ley espiritual, que determina que *"la paga del pecado es muerte"*(Romanos 6:23), es aplicable a toda persona sin importar su edad.

Los jóvenes que insultaron al profeta Eliseo

2 Reyes 2:23-24 nos narra una escena en la cual el profeta Eliseo subía de Jericó a Bet-el. Mientras el profeta iba por el camino, unos muchachos vinieron de la ciudad y se burlaron de él diciendo: "¡Calvo, sube! ¡Calvo, sube!". No pudiendo soportar más esa burla, Eliseo finalmente maldijo a estos muchachos. Dice el pasaje que dos osos salieron y "despedazaron de ellos a cuarenta y dos muchachos". ¿Qué cree usted que les pasó a estos cuarenta y dos muchachos en el Hades?

Enterrados hasta el cuello

Dos osos despedazaron a estos cuarenta y dos muchachos. ¿Se imagina la cantidad de muchachos que deben haber seguido al profeta y cómo se burlaron de él? Eliseo fue un profeta que realizó numerosas obras poderosas de Dios. En otras palabras, Eliseo no los hubiera maldecido si sólo se hubieran burlado un poco de él.

Pero continuaron siguiéndolo y burlándose de él, diciendo: "¡Calvo, sube! ¡Calvo, sube!". Además le arrojaron piedras y lo hostigaban con un palo. Al comienzo el profeta Eliseo debe haberles llamado la atención y regañado seriamente, pero si los maldijo fue porque eran demasiado malvados para ser perdonados.

Este incidente sucedió hace muchísimos años cuando aún la conciencia de la gente era más sana y la maldad no prevalecía tanto como sucede en nuestros tiempos. Los muchachos en cuestión deben haber sido demasiado malvados para burlarse del viejo profeta Eliseo, quien efectuó poderosas obras de Dios.

En el Hades, estos muchachos son castigados siendo enterrados hasta el cuello cerca del río de sangre. Se sofocan por el fuerte hedor del río, y toda clase de insectos los pican. Además son horriblemente atormentados por los mensajeros del Infierno.

Los padres deben controlar a sus hijos

¿Cómo se comportan los niños actualmente? Algunos abandonan a sus amigos en el frío, les quitan su propina o el dinero de sus almuerzo, los golpean, incluso los queman con colillas de cigarros, todo porque no son de su agrado personal. Algunos niños incluso se suicidan porque ya no pueden soportar estos constantes y crueles hostigamientos. Otros muchachos de primaria ya forman bandas organizadas, e incluso matan, imitando a criminales de mala fama.

Por tanto, los padres deberían educar a sus hijos de tal modo que impidan que sigan la forma de vida de este mundo y, en su lugar, guiarlos a desarrollar y a vivir una vida fiel al Señor, con temor a Dios. ¿Se imaginan lo terrible que será si usted va al Cielo y ve a sus hijos siendo atormentados en el Infierno? Tan sólo pensar en ello resulta espantoso.

Por eso, debe formar a sus hijos para que vivan una vida de fe conforme a la verdad. Por ejemplo: Debería enseñarles que no deben hablar ni corretear durante el servicio o culto de adoración el día domingo, sino que deben orar y alabar a Dios con todo su corazón, con toda su mente, y con toda su alma. Si las madres oran por sus hijos y los educan en la fe, incluso los niños más pequeños, que no pueden entender lo que dicen sus madres, dormirán sin llorar durante los servicios de adoración. Estos bebés tendrán también una recompensa en el Cielo por su buen comportamiento.

Los niños de tres a cuatro años pueden adorar a Dios y orar si sus padres les enseñan a hacerlo y hacen una regla de esta disciplina. Dependiendo de la edad, la profundidad de la oración será diferente. Los padres pueden enseñar a sus hijos a dedicar poco a poco más tiempo a la oración, es decir, de cinco a diez minutos, luego de treinta minutos a una hora y así sucesivamente.

Sin embargo, por más jóvenes que sean, cuando los padres les enseñan la Palabra de Dios de acuerdo a su edad y capacidad de comprensión, y se la explican claramente para que vivan de acuerdo a ella, los niños casi siempre se esforzarán por obedecer la voluntad de Dios y por vivir de manera que agraden a Dios. También se arrepentirán y confesarán sus pecados con lágrimas cuando el Espíritu Santo obre en ellos. Les animo a que enseñen concretamente a sus hijos quién es el Señor Jesucristo y los guíen a crecer en la fe.

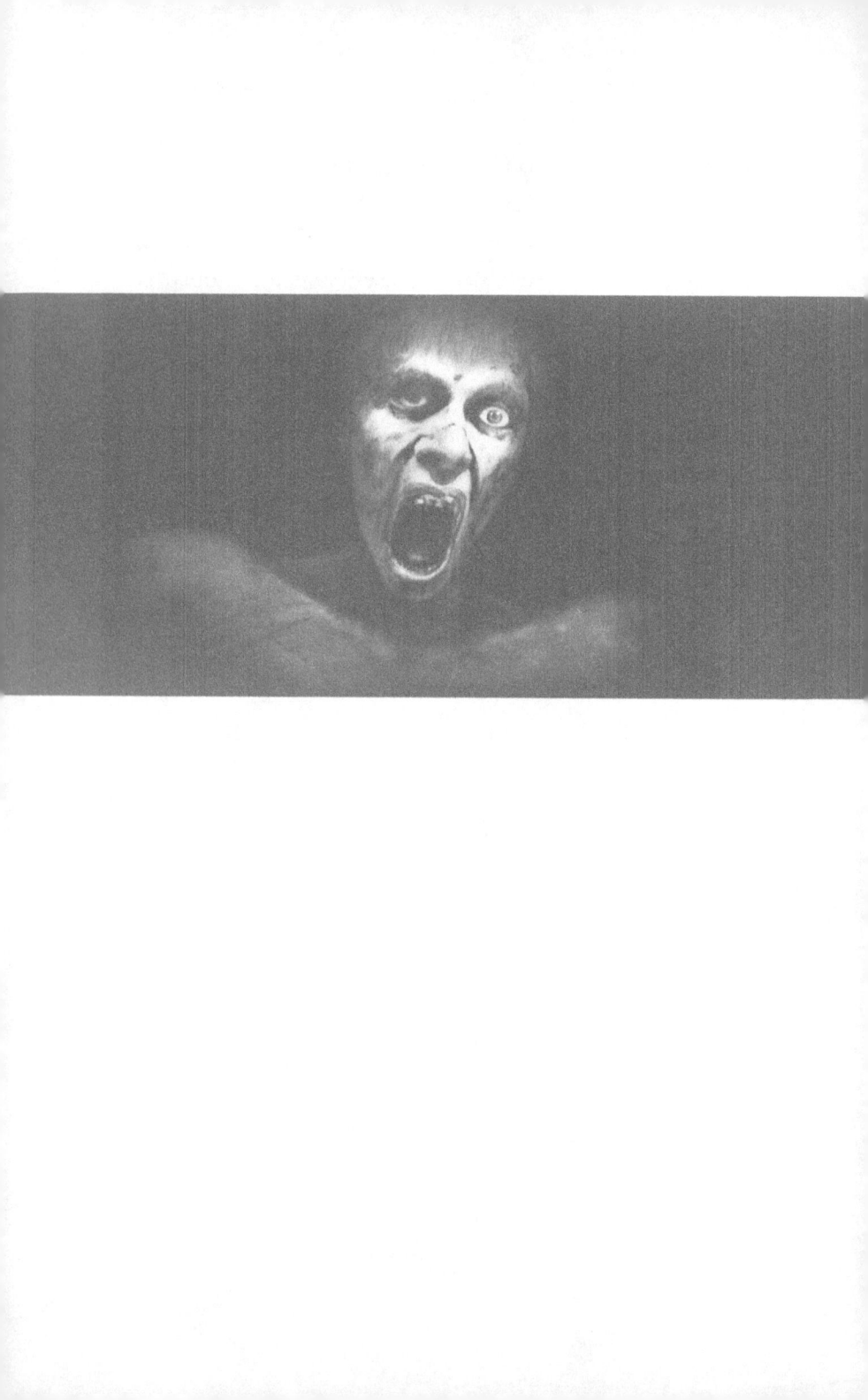

Capítulo 5

El tormento para los que mueren después de la pubertad

*"Descendió al Seol tu soberbia, y el
sonido de tus arpas; gusanos serán tu
cama, y gusanos te cubrirán."*
- Isaías 14:11 -

*"Como la nube se desvanece y se va, Así
el que desciende al Seol no subirá."*
- Job 7:9 -

Todo el que entre al Reino de los Cielos será recompensado y glorificado de acuerdo a lo que haya hecho en esta vida. De la misma manera, pero en sentido inverso, los diferentes castigos en el Hades se aplican de acuerdo a lo malo que haya hecho en esta vida. En el Infierno las almas padecen de interminable dolor, y la intensidad del sufrimiento y de la agonía difiere dependiendo de cómo ha vivido en esta vida. Un hombre, sea que vaya al Cielo o al Infierno, cosechará lo que haya sembrado.

Mientras más pecados han cometido, irán a un lugar más profundo del Infierno, y mientras más graves han sido sus pecados, más angustioso y tormentoso será su dolor en el Infierno. Dependiendo del grado en que se ha opuesto al corazón de Dios, en otras palabras, en la medida en que ha reflejado la naturaleza pecaminosa de Lucifer, se determinará la gravedad del castigo.

Gálatas 6:7-8 nos dice: *"No os engañéis; Dios no puede ser burlado: pues todo lo que el hombre sembrare, eso también segará. Porque el que siembra para su carne, de la carne segará corrupción; mas el que siembra para el Espíritu, del Espíritu segará vida eterna"*. De esta manera, sin duda alguna, uno cosechará lo que siembra.

¿Qué clase de castigos recibirán en el Hades las personas que mueren después de la pubertad o adolescencia? En este capítulo, trataré sobre los cuatro niveles de tormento en el Hades aplicados a las almas de acuerdo a sus hechos en esta vida. Como un comentario adicional, por favor le pido que entienda que no puedo dar detalles demasiado gráficos, porque eso podría aumentar el temor que pudiera sentir.

El primer nivel de tormento

A algunas almas se les obligará a estar de pie sobre arena, cuya temperatura es siete veces más caliente que la arena de los desiertos o playas de este mundo. No pueden escapar de este sufrimiento porque es como si estuvieran atrapados en medio de un gran desierto.

¿Alguna vez ha intentado caminar descalzo sobre la arena caliente en un caluroso día de verano? No podrá soportar el dolor aunque trate, sólo por diez o quince minutos, de caminar sin zapatos cerca de la orilla de la playa en un caluroso día de verano. La arena en las zonas tropicales es mucho más caliente que la de otras áreas. Recuerde que la arena en el Hades es siete veces más ardiente que cualquier otra arena de este mundo.

Estando en Israel, durante un viaje que hice a la Tierra Santa, en vez de tomar el tranvía, intenté llegar allí corriendo sobre la pista asfaltada que va al Mar Muerto. Empecé a correr rápido con otras dos personas que me acompañaban. Al comienzo no sentí dolor en lo absoluto, pero más o menos a medio camino, sentí bastante calor en ambos pies. Aunque quisimos buscar un lugar de sombra y así escapar del calor, no pudimos porque no había a dónde ir; a ambos lados del camino sólo había pequeñas piedras, y estaba igualmente caliente.

Tuvimos que seguir corriendo hasta el final de la calle, donde pudimos remojar nuestros pies en un charco de agua fría. Afortunadamente, ninguno de nosotros resultó con quemadura alguna. Esta carrera duró tan sólo diez minutos, y fue suficiente para causar un dolor insoportable. Imagínese, entonces, el dolor que experimentará si es obligado a estar de pie eternamente sobre arena que es siete veces más caliente que cualquier otra arena en esta Tierra. No importa lo insoportable que sea el dolor, no habrá ninguna posibilidad de atenuar o poner fin al castigo. Sin embargo, en el Hades, este es el más suave de todos los tormentos.

Hay otra clase de tortura. El alma de una persona es obligada a acostarse sobre una pesada roca, la cual está al rojo vivo, y el castigo es ser quemado continuamente. Es algo parecido a la carne que se asa a la parrilla. En ese preciso momento, otra roca que también está al rojo vivo cae sobre su cuerpo, aplastándolo y triturando todos sus órganos internos. Piense en la ropa que uno plancha: La tabla de planchar es la roca sobre la cual se coloca la ropa, el alma condenada y la plancha es la segunda roca que presiona la ropa.

El calor es una parte de la tortura; el cuerpo triturado es otra muy diferente. Las extremidades son trituradas en pedazos por la presión de las rocas. La presión es tal que destroza las costillas y los órganos internos. Cuando el cráneo es aplastado, los ojos saltan y la masa encefálica se desparrama.

¿Cómo se puede describir ese dolor? Aunque un alma no tiene forma física, aún así puede sentir y sufrir ese tremendo dolor de la misma manera que lo hacía en esta vida. Es una eterna agonía. Y además de los gritos y gemidos de las otras almas atormentadas, el alma de esta persona está atrapada en su propio temor y espanto, y se lamenta y llora, gimiendo: "¿Cómo puedo escapar de este tormento?"

El segundo nivel de tormento

Al leer la historia del hombre rico y de Lázaro en Lucas 16:19-31, podemos tener una idea de lo terrible que es el Hades. Por el poder del Espíritu Santo, he oído la aflicción de un hombre que está siendo torturado en el Hades. Ruego para que, al escuchar esta confesión, usted despierte de su letargo espiritual.

Estoy siendo arrastrado por todos lados
Y esto nunca acaba.
Corro y corro sin ninguna dirección.
No encuentro un lugar dónde esconderme.
Me han desollado, y mi cuerpo despide
Un hedor nauseabundo.
Insectos arrancan mi carne a mordiscos.
Intento correr y escapar,
pero siempre estoy en el mismo lugar.
Me siguen picando y comiendo mi cuerpo;
Están chupando mi sangre.
Tiemblo de terror y de miedo.
¿Qué voy a hacer?
Por favor, le suplico,
Dé a conocer lo que me está pasando.

Dígales de mi tormento
para que no acaben aquí.
Realmente no sé qué hacer.
Sólo puedo gemir de temor y pavor,

Es inútil buscar refugio.
Me están desgarrando la espalda.
Me están mordiendo los brazos.
Me están sacando la piel.
Se están comiendo mi cuerpo.
Están chupando mi sangre.
Y cuando todo esto acabe,
Me arrojarán al lago de fuego.
¿Qué puedo hacer?
¿Qué voy a hacer?

Yo pensé que era un hombre bueno
y que tenía una conciencia limpia
Por eso no acepté a Jesús como mi Salvador,
Y luego fui arrojado al Hades,
¡Nunca me di cuenta que había cometido tantos pecados!
Ahora, no sólo gimo y gimo de dolor
por todo lo que he hecho.
Por favor, cerciórese
que no vengan otros como yo.
Muchos de los que están en este lugar,
mientras vivían en la Tierra,
pensaban que eran buenos.
Sin embargo, todos ellos están aquí.
Muchos de los que profesaban creer
y pensaban que estaban viviendo
conforme a la voluntad de Dios, también están aquí,
y los torturan más cruelmente que a mí.

Ojalá pudiera desmayarme y olvidarme
por un momento de este
sufrimiento. ¡Pero no puedo!
No puedo descansar aunque cierre los ojos.
Y cuando los abro,
no veo nada y no puedo tocar nada.
Y sigo corriendo sin ninguna dirección,
Y aún estoy en el mismo lugar
¿Qué puedo hacer?
¿Qué he de hacer?
¡Le suplico, por favor, que nadie más siga mis pasos!

Esta alma es de un hombre relativamente bueno, comparada con las muchas otras que están en el Hades. Y está rogando a Dios para que haga saber a las personas lo que le está pasando. Aun en su gran tormento, se preocupa por las almas que podrían terminar allí. De la misma manera en que el hombre rico suplicó para que se advirtiera a sus hermanos a fin de que "no vengan ellos también a este lugar de tormento", de la misma forma esta alma está suplicando a Dios (Lucas 16).

No obstante, aquellos que van al tercer y al cuarto nivel de tormento en el Hades no reciben ni siquiera esta clase de piedad. Por eso, desafían a Dios y culpan a los demás implacablemente.

El castigo al Faraón

Faraón, el rey de Egipto que se opuso a Moisés, está siendo

atormentado en el segundo nivel de castigo, pero la intensidad de ese castigo es casi igual al tercer nivel de tormento.

¿Qué clase de maldad cometió el Faraón durante su vida para merecer esta clase de castigo? ¿Por qué fue enviado al Hades?

Cuando los israelitas eran oprimidos como esclavos, Moisés fue llamado por Dios para sacar a Su pueblo de Egipto y conducirlos a la Tierra Prometida de Canaán. Moisés fue a Faraón y le dijo que dejara salir a los israelitas de Egipto. Sin embargo, sabiendo el valor de la fuerza de trabajo de ellos, Faraón se rehusó a dejarlos ir.

Por medio de Moisés, Dios envió las Diez Plagas a Faraón, a sus oficiales, y a su pueblo. El agua del río Nilo se convirtió en sangre. Ranas, zancudos y moscas cubrieron la tierra de Egipto. Además, vino la plaga sobre el ganado, la plaga de los tumores, del granizo, de las langostas y de las tinieblas. Cada vez que venía sobre ellos una plaga, y a fin de evitar otras nuevas, Faraón prometía a Moisés que iba dejar salir a los israelitas. No obstante, no cumplía sus promesas y luego que Moisés oraba y alejaba las mortíferas plagas de la tierra, Faraón endurecía una vez más su corazón. Finalmente los dejó ir, sólo después que todo primogénito de Egipto muriera, desde el heredero al trono hasta el hijo primogénito del esclavo, así como del ganado.

A pesar de esto, poco después de la última plaga, Faraón volvió a endurecer su corazón. Él y su ejército fueron tras los israelitas, que habían acampado cerca del Mar Rojo. Los israelitas se atemorizaron y clamaron a Dios. Entonces, Moisés levantó su vara y estiró su mano sobre el Mar Rojo. Luego, sucedió un milagro. El poder de Dios, dividió en dos el Mar Rojo, los israelitas lo cruzaron en seco y los egipcios los siguieron. Cuando Moisés, estando ya en la otra orilla, extendió su mano otra vez sobre el Mar Rojo, dice la Escritura: *"Y volvieron las aguas, y cubrieron los carros y la caballería, y todo el ejército de Faraón que había entrado tras ellos en el mar; no quedó de ellos ni uno"* (Éxodo 14:28).

En la Biblia, muchos reyes gentiles, que eran buenos por naturaleza, creyeron en Dios y le adoraron. Sin embargo, Faraón tenía una mente endurecida, aun cuando había presenciado en diez oportunidades el poder de Dios. Como consecuencia, Faraón sufrió serias calamidades, como la muerte de su heredero al trono, la destrucción de su ejército, y la debacle de su nación.

En estos días, la gente oye hablar del Dios Todopoderoso y presencian en forma directa las obras de Su poder. No obstante, endurecen su corazón de la misma manera que lo hizo Faraón. No quieren aceptar a Jesús como su Salvador personal. Además, rehúsan arrepentirse de sus pecados. ¿Qué pasará con ellos si siguen viviendo de esta manera? Al final, en el Hades recibirán el mismo castigo que Faraón.

¿Cuál es el tormento de Faraón en el Hades?

El Faraón está confinado en las aguas residuales

El Faraón está aprisionado en un pozo de aguas residuales, de olor nauseabundo y fétido. Su cuerpo está atado al pozo, así que no puede moverse. No está sólo sino que hay otras almas encarceladas por pecados similares.

El hecho de que haya sido un rey no le concede mejor trato

en el Hades. Por el contrario, ya que estuvo en una posición de autoridad, ha sido arrogante, tuvo siervos que lo atendían, y vivió una vida de abundancia, los mensajeros del Infierno se burlan de él e incluso lo torturan con más dureza.

El pozo en el cual se encuentra Faraón no es simplemente un pozo lleno de aguas residuales. ¿Alguna vez ha visto algún tipo de cuerpo contaminado y en descomposición en el agua o en el alcantarillado? ¿Y qué hay de los puertos donde atracan las embarcaciones? Esos lugares están llenos de gasolina, basura y mal olor. Parecería imposible que exista alguna clase de vida en ese medio ambiente. Si se moja las manos en ese lugar, de seguro que estaría preocupado que su piel se contamine con esas asquerosas sustancias que contiene el agua.

Faraón se encuentra en ese encierro. Además, este pozo está lleno de infinidad de espeluznantes insectos que se parecen a los gusanos pero son mucho más grandes.

Insectos que carcomen las partes más blandas del cuerpo

Estos insectos se acercan a las almas que están aprisionadas en el pozo, y primero empiezan a morder las partes más blandas del cuerpo. Carcomen los ojos, y a través de las cavidades, los insectos entran al cerebro y empiezan a roer el cerebro mismo. ¿Puede imaginarse el tipo de dolor que causa esto? Al final carcomen todo desde la cabeza hasta los pies. ¿Con qué podríamos comparar esta agonía?

Una pregunta: ¿Le duelen sus ojos cuando entra polvo en

ellos? ¡Podrán imaginarse entonces lo doloroso que debe ser cuando miles de insectos empiecen a roer sus ojos! ¿Cree que podrá soportar el dolor cuando esos insectos escarben por todo su cuerpo?

Ahora, suponga que una aguja se incrusta debajo de sus uñas o perfora las puntas de sus dedos. Estos insectos sacan la piel de su cuerpo y lentamente desgarran los músculos hasta que los huesos quedan a la vista. Estos insectos no se detienen en sus manos. Rápidamente suben a sus brazos y hombros y bajan por su pecho, abdomen, piernas y nalgas. Las almas confinadas en este pozo deben soportar esta tortura y el consecuente dolor que va con ella.

Insectos que roen repetidamente los órganos internos

La mayoría de mujeres, cuando ven gusanos, se asustan, y ni siquiera se atreven a tocarlos. Imagínese, ahora, insectos más horribles y más grandes que esos gusanos picando a las almas condenadas. Primero, hacen agujeros en sus cuerpos a través del abdomen. Luego, empiezan a comer la carne de las vísceras y de las entrañas. Entonces chupan los fluidos del cerebro. Durante todo ese tiempo, las almas condenadas no pueden ahuyentarlos, moverse, ni escapar de estos horribles insectos.

Los insectos siguen carcomiendo poco a poco los cuerpos, mientras las almas miran cómo estos devoran cada parte de sus cuerpos. Si nos someten a esta clase de tortura solamente por diez minutos, enloqueceríamos. Una de las almas condenadas en este miserable lugar es Faraón, por haber desafiado a Dios y a Su siervo Moisés. Soporta este agonizante dolor estando completamente consciente, presenciando en forma vívida y sintiendo cómo las partes de su cuerpo son devoradas y desgarradas.

Después que los insectos devoran todo el cuerpo de la persona, ¿es este el fin de la tortura? ¡No! Poco después, las partes del cuerpo que han sido desgarradas y devoradas se restauran totalmente, y los insectos regresan rápidamente, volviendo a roer diversas partes del cuerpo. Esto nunca se detiene, ni termina. El dolor no disminuye y nadie se llega a debilitar de tal forma que no pueda sentir el dolor de la tortura.

Así es como funciona el mundo espiritual. En el Cielo, si los hijos de Dios comen el fruto de un árbol, esa fruta se restaura. Igualmente, en el Hades, sin importar cuántas veces estos insectos devoren las partes de su cuerpo, cada una de ellas se restaurará inmediatamente luego de ser destrozada y consumida.

Aunque haya vivido una vida honesta y recta

Hay algunas personas decentes que no quieren ni se deciden a aceptar a Jesús y el Evangelio. Por fuera son buenos y nobles, pero conforme a la verdad no lo son.

Gálatas 2:16 nos recuerda que *"sabiendo que el hombre no es justificado por las obras de la ley, sino por la fe de Jesucristo, nosotros también hemos creído en Jesucristo, para ser justificados por la fe de Cristo y no por las obras de la ley, por cuanto por las obras de la ley nadie será justificado"*. Un hombre "justificado" es aquel que es salvo invocando el nombre de Jesucristo. Sólo entonces, todos sus pecados son perdonados por su fe en Jesucristo. Además, si cree en el Señor, obedecerá la Palabra de Dios.

A pesar de las numerosas evidencias que muestran que Dios es el creador del universo y de los milagros y el poder demostrado por Sus siervos, si aún así uno niega al Dios Todopoderoso, es un hombre malvado con una conciencia endurecida.

De acuerdo a su propia perspectiva, una persona puede haber vivido una vida honesta. No obstante, si persiste en rechazar a Jesús como su Salvador personal, irá al Infierno. Sin embargo, esas personas han vivido una vida comparativamente más íntegra y honesta que la gente malvada que ha vivido pecando y obedeciendo su naturaleza pecaminosa. En el Hades recibirán el primer o el segundo nivel de tormento.

Entre los que mueren sin tener la oportunidad de aceptar el evangelio, si no pasan el juicio de conciencia, la mayoría serán atormentados de acuerdo al primer o segundo nivel de castigo. Por tanto, un alma que en el Hades es castigada en el tercer o cuarto nivel de tormento, podemos suponer que ha sido más malvada y perversa que otras.

El tercer nivel de tormento

El tercer y cuarto nivel de tormento están reservados para los que se opusieron a Dios, para los que cauterizaron sus conciencias por el pecado, infamaron o blasfemaron al Espíritu Santo, y obstaculizaron la extensión del Reino de Dios. Asimismo, todo el que haya juzgado y calificado a la iglesia de Dios como "herética" sin haber presentado una sola prueba, también recibirá este tormento de tercer o cuarto nivel.

Antes de compartir en detalle el tercer nivel de castigo en el Hades, examinemos brevemente otras formas de tortura que el hombre ha concebido.

Crueles torturas ideadas por el hombre

Cuando los derechos humanos eran sólo una fantasía y no una realidad en la vida diaria, muchas clases de castigo físico, así como diversas formas de tortura y ejecución, fueron ideadas y puestas en práctica por el hombre.

Por ejemplo, en Europa durante la Edad Media, los guardias de la prisión llevaban al reo al sótano de la mazmorra para interrogarlo y hacerlo confesar. En el trayecto a la celda, el prisionero veía manchas de sangre en el piso y en el calabozo veía diversas clases de instrumentos usados y preparados especialmente para la tortura. Además al escuchar los gritos desgarradores por todo el recinto, se angustiaba y sobrecogía aún más de pavor.

Uno de los métodos de tortura más comunes era poner los dedos de las manos y de los pies del prisionero (o de cualquier otro que iba a ser torturado) dentro de pequeños anillos de metal. Estas argollas de metal se ajustaban hasta que los dedos de las manos y pies eran destrozados. Entonces, les arrancaban uno por uno sus dedos a medida que el anillo de metal se ajustaba poco a poco.

Si después de esto si el prisionero no confesaba, era colgado con sus brazos doblados hacia atrás, retorciendo su cuerpo en todas direcciones. En ese momento, se le infligía más castigo, levantando su cuerpo y soltándolo al suelo varias veces. Y algo peor, un pesado trozo de hierro se le amarraba al tobillo del prisionero, mientras todavía estaba suspendido en el aire. El peso del metal era tal que desgarraba los músculos y huesos al interior de su cuerpo. Si aún así el prisionero no confesaba, se le sometía a peores métodos de tortura.

Al prisionero se le hacía sentar en una silla especialmente diseñada para la tortura. En el asiento, el respaldar y las patas de la silla se habían fijado pequeños taladros. Tan sólo viendo este espantoso objeto, el prisionero trataba de correr pero los guardias de la prisión, más grandes y fuertes que él, lo obligaban a regresar a la silla. En un instante, el prisionero sentía los taladros perforando su cuerpo.

Otra clase de tortura era colgar al sospechoso boca abajo. Después de una hora, la presión de la sangre reventaba; los vasos sanguíneos en el cerebro explotaban, y la sangre salía a chorros de su cerebro a través de sus ojos, nariz y oídos. Y ya no podía ver, oler, ni oír.

A veces se usaba el fuego para doblegar al prisionero. El oficial se acercaba al sospechoso con una vela encendida. Acercaba la vela a las axilas o plantas de los pies del prisionero. Le quemaban las axilas porque es una de las partes más sensibles del cuerpo, y las plantas de los pies porque el dolor es mayor allí.

En otras ocasiones, al sospechoso se le ponía en los pies descalzos botas de hierro caliente. Luego, se le arrancaba la piel quemada. O también se cortaba la lengua del prisionero o se le quemaba el paladar con pinzas de hierro caliente. Si el prisionero era sentenciado a muerte, se le arrojaba en una armazón parecida a una rueda, la cual estaba diseñada para despedazar el cuerpo. Al girar rápidamente, desgarraba el cuerpo del prisionero mientras estaba aún vivo y consciente. En otras ocasiones, se les mataba echándoles plomo derretido en sus fosas nasales y en los oídos.

Sabiendo que no podrían soportar la agonía de la tortura, muchos prisioneros con frecuencia sobornaban a los guardias de la prisión para tener una muerte rápida y sin dolor.

Estos son algunos de los métodos de tortura ideados por el hombre. No hace falta tener mucha imaginación para tener una idea de lo cruel de estas torturas. Ya podrá entonces suponer que las torturas que aplican los mensajeros del Infierno, quienes están bajo el estricto control de Lucifer, deben ser mucho más dolorosas que cualquier otra forma de tortura que el hombre haya inventado. Estos mensajeros del Infierno no tienen compasión y solamente se deleitan al escuchar gritar y llorar de terror a las almas en el Hades. Siempre están tratando de encontrar nuevas técnicas de tortura más crueles y dolorosas para castigar a estas almas.

¿Puede arriesgarse a ir al Infierno? ¿Podría soportar ver a sus seres amados, a su familia y amigos en el Infierno? Todos los cristianos deben considerar su deber, compartir y predicar el Evangelio y hacer todo lo posible para salvar un alma más de ir al Infierno.

¿Pero, cómo es exactamente el tercer nivel de tormento?

i) Los mensajeros del Infierno usan horribles forma de cerdos

Un alma en el Hades está amarrada a un árbol, y su carne es poco a poco cortada en pequeños trozos. Quizá pueda comparar esto a cortar en rodajas un pescado para preparar Sashimi, un plato japonés a base de pescado crudo. Un mensajero del Infierno usando una horrible y espantosa forma prepara todas las herramientas necesarias para la tortura. Estos aparatos incluyen una amplia variedad de herramientas desde un pequeño cuchillo hasta un hacha. Luego el mensajero del Infierno afila las herramientas en una piedra. Las herramientas no necesitan ser afiladas porque el borde de cada herramienta en el Hades siempre está bien afilado. El verdadero propósito es asustar más al alma que espera su tortura.

Se empieza a cortar el cuerpo por los dedos

Cuando el alma escucha que se están afilando esas herramientas y ve al mensajero del Infierno que se le acerca con una sonrisa escalofriante, ¡se imaginan cuán aterrada debe estar!

"Ese cuchillo está a punto de cortar mi carne...
Esa hacha pronto cortará mis extremidades
¿Qué puedo hacer?
¿Cómo soportaré ese dolor?"

Tan sólo el horror lo sofoca. Esa alma sabe que está fuertemente amarrada al tronco de un árbol, no puede moverse y pareciera que la cuerda estuviera cortando su cuerpo. Mientras más trata de escapar, más se aprieta la cuerda alrededor de su cuerpo. El mensajero del Infierno se le acerca y empieza a rebanar su carne empezando por la punta de los dedos. Un pedazo de carne cubierto de coágulos de sangre cae al suelo. Le sacan las uñas de los dedos y después, también se los cortan. Le arrancan la carne de los dedos, de la muñeca y luego del hombro. Todo lo que queda del brazo son los huesos. Luego va a la pantorrilla y al muslo.

Hasta que se ven las entrañas

Un mensajero del Infierno empieza a cortar el abdomen. Cuando llega a las vísceras y los intestinos, los arranca y arroja. Igualmente, saca y desgarra otros órganos con filudos cuchillos.

Hasta ese instante, el alma ha estado consciente y mirando todo el tormento: su carne cortada y sus intestinos arrojados. Imagínese que alguien lo ha atado, corta una parte de su cuerpo empezando con la palma de sus manos, pedazo por pedazo, cada trozo del tamaño de un dedo. Cuando el cuchillo corta su cuerpo, se desangra inmediatamente y al instante empieza el sufrimiento. ¡No hay cómo expresar su temor! En el Hades, cuando alguien recibe este tercer nivel de tormento, no sólo abarca una parte de su cuerpo, toda la piel del cuerpo es arrancada, desde la cabeza hasta los pies, y todos los intestinos, uno por uno, son extirpados.

Nuevamente piense en el *Sashimi,* el plato japonés a base de pescado crudo. El cocinero solamente ha separado el esqueleto de la carne del pescado, y ahora corta la carne en rodajas tan delgadas como sea posible. El plato se sirve con la forma de un pescado entero. El pescado parece estar vivo y se pueden ver sus branquias moviéndose. El cocinero del restaurante no tiene compasión del pescado, porque si la tuviera, lo despedirían del trabajo.

Por favor ore constantemente por sus padres, su cónyuge, sus parientes y amigos. Si ellos no son salvos y van al Infierno, ahí van a sufrir el tormento de ser desollados por los inmisericordes mensajeros del Infierno. Es nuestro deber como cristianos compartir las buenas nuevas del Evangelio, porque en el Día del Juicio, Dios con toda seguridad nos hará responsables de toda persona que no pudimos guiar al Cielo.

Cercenando los ojos

Esta vez el mensajero del Infierno toma un taladro en vez de un cuchillo. El alma ya sabe lo que le va a suceder porque no es la primera vez que le aplican esta tortura, ya se lo han hecho cientos y miles de veces desde el día en que fue traída al Hades. El mensajero del Infierno se le acerca, le asesta una puñalada profunda con el taladro, y lo deja en la cavidad del ojo por un momento. ¡Qué pavor debe sentir esa alma cuando ve que el taladro se le acerca cada vez más! No hay palabras para describir la agonía de esta tortura.

Tal vez podría pensar que aquí se acaba la tortura. ¡No! Todavía falta la cara. El mensajero ahora le corta las mejillas, la nariz, la frente y el resto de la cara. Le saca la piel de las orejas, de los labios y del cuello. Y mientras le corta poco a poco el cuello en rodajas, se hace cada vez más delgado hasta que se desprende del tronco. Así termina la tortura, pero este fin solamente significa el comienzo, una vez más, de la misma tortura.

No se puede gritar ni llorar

Rápidamente, las partes de su cuerpo que han sido cortadas se restauran, como si nada hubiera pasado. Mientras el cuerpo se regenera, por un corto período de tiempo cesa el dolor y la agonía. Sin embargo, este descanso tan sólo sirve para que el alma recuerde las otras torturas que le esperan, y pronto empieza a temblar de temor. Mientras espera la tortura, el sonido de afilar se escucha nuevamente, y de vez en cuando, el mensajero del Infierno, que lleva una horrible forma de cerdo, lo mira con una espeluznante sonrisa. El mensajero está listo para una nueva sesión de tortura y los agonizantes tormentos empiezan otra vez. ¿Cree usted que alguien podrá soportar esto? Ni una sola parte de su cuerpo se adormece al continuo dolor que provocan los instrumentos de tortura. A mayor tortura, mayor sufrimiento.

Un sospechoso en custodia, o un prisionero a punto de ser torturado saben que lo que les espera durará poco tiempo, pero aún así tiemblan y se estremecen de gran temor. Suponga, entonces, que un mensajero del Infierno con una horrible forma de cerdo se le acerca con varios objetos de tortura en sus manos, golpeándolos unos con otros. La tortura se repetirá sin fin: Se despedaza el cuerpo, se arranca las entrañas e intestinos, se perfora los ojos y muchas otras formas de tortura.

Por eso, un alma en el Hades no puede gritar ni suplicar al mensajero del Infierno por su vida, ni por misericordia, ni por menos crueldad o alguna otra cosa. El grito de las otras almas, el llanto pidiendo misericordia y el sonido de los instrumentos de tortura es lo único que se oye. Tan pronto como ve al mensajero del Infierno, palidece como un papel sin hacer el mínimo murmullo. Además, ya sabe que no puede librarse del sufrimiento hasta que sea arrojado al lago de fuego después del Juicio ante el Gran Trono Blanco al fin de los tiempos (Apocalipsis 20:11). Esta escalofriante verdad solamente añade dolor al ya existente sufrimiento.

ii) El tormento cuando un cuerpo se hincha como un globo

Cualquiera que tenga al menos algo de conciencia se sentirá culpable si lastima los sentimientos de otra persona; o sin importar lo mucho que alguien pueda odiar a otra persona en el pasado, si esta última se encuentra en la miseria, un sentimiento de compasión podrá brotar y el odio disminuirá, al menos por un tiempo.

Sin embargo, si la conciencia de alguien está cauterizada, la persona será completamente indiferente a la agonía de los demás y, a fin de lograr sus propias metas, podría incluso estar dispuesto a cometer las más monstruosas atrocidades.

Las personas son tratadas como desperdicio y basura

Durante la Segunda Guerra Mundial bajo la dictadura nazi, japonesa, italiana y de otros países, muchísimas personas fueron usadas como objetos en horrendos y clandestinos experimentos; estas personas, principalmente, eran usadas en lugar de ratas, conejos y otros animales que suelen utilizarse para experimentos.

Por ejemplo, a fin de investigar la reacción de una persona sana, cuánto tiempo resistiría a diversos agentes malignos, y qué clase de síntomas producen diferentes enfermedades, se le trasplantaba células de cáncer y otros virus. Para obtener una información más exacta, a menudo se abrían los estómagos o cráneos de una persona viva. Para determinar la reacción de una persona normal al extremo frío o calor, disminuían y aumentaban rápidamente la temperatura de un cuarto o de una especie de posa de agua en el cual estaban encerrados seres humanos.

Después que estos "conejillos" habían sido utilizados para su propósito, con frecuencia se les abandonaba para que mueran. No le daban importancia al dolor ni la angustia de estas personas.

¡Qué cruel y horrendo debe haber sido para muchos prisioneros de guerra o para indefensos individuos convertirse en "conejillos de indias" de estos experimentos y ver cómo despedazaban sus cuerpos, saber que eran infectados con células letales contra su voluntad y literalmente ver cómo morían!

No obstante, las almas en el Hades sufren métodos de castigo aun más crueles que cualquier otro tipo de experimento que el hombre haya podido inventar. En tanto que hombres y mujeres

117

creados a la misma imagen y semejanza de Dios, pero por haber perdido su dignidad y valor, estas almas son tratadas en el Hades como desperdicio y basura.

De la manera en que no nos compadecemos de la basura, los mensajeros del Infierno no tienen compasión de estas almas. Estos mensajeros del Infierno no sienten culpa ni tristeza por ellos y ningún castigo es suficiente.

Los huesos se quiebran y la piel revienta

Los mensajeros del Infierno ven estas almas como simples juguetes. Si quisieran, podrían inflar esos cuerpos y patearlos como pelotas.

Es difícil imaginarnos esta escena: ¿Cómo puede inflarse el cuerpo de un ser humano como una pelota? ¿Qué sucedería con sus órganos internos?

Cuando las entrañas y los pulmones se inflan, las costillas y la columna; que protegen estos órganos, se hacen pedazos una a una. Además, está el constante e insoportable dolor de la piel que se va estirando cada vez más.

En el Hades, los mensajeros del Infierno juegan con estos cuerpos inflados y cuando se aburren de ellos, les revientan los estómagos con lanzas puntiagudas. Y como un globo de hule inflado se rompe en pedazos cuando se revienta, así salen despedidos en todas direcciones la sangre y los trozos de piel.

No obstante, en forma casi inmediata, los cuerpos se recomponen completamente y empieza el tormento otra vez. ¡Se pueden imaginar cuán cruel es este castigo! Estas personas cuando vivían en la Tierra, eran respetadas, disfrutaron de cierto nivel social y gozaban de los derechos humanos fundamentales.

Una vez que llegan al Hades, sin embargo, no pueden reclamar ningún derecho y son tratados simplemente como deshechos o desperdicio, su existencia no tiene valor.

Eclesiastés 12:13-14 nos recuerda lo siguiente:

"El fin de todo el discurso oído es este: Teme a Dios, y guarda sus mandamientos; porque esto es el todo del hombre. Porque Dios traerá toda obra a juicio, juntamente con toda cosa encubierta, sea buena o sea mala".

Así pues, de acuerdo al juicio, estas almas han sido degradadas al nivel de simples objetos con los cuales los mensajeros del Infierno pueden jugar.

Por tanto, debemos estar conscientes que si no cumplimos con "el propósito integral del hombre", que consiste en temer a Dios y guardar todos Sus mandamientos, no se nos reconocerá como hijos a la imagen y semejanza de Dios, sino que por el contrario, seremos objeto de los más crueles tormentos en el Hades.

El castigo a Poncio Pilato

Cuando Jesús fue crucificado, Poncio Pilato era gobernador

romano en la región de Judea, hoy Palestina. Desde el día en que puso sus pies en el Hades, ha estado recibiendo el tercer nivel de tormento, lo que significa la flagelación o el azote. ¿Específicamente, por qué Poncio Pilato está siendo atormentado?

Aun cuando sabía que Jesús era inocente

Como Pilato era gobernador de Judea, se requería de su permiso para crucificar a Jesús. Siendo el encargado de administrar en nombre del emperador, Pilato estaba a cargo de supervisar toda la región de Judea, y tenía muchos espías en varios lugares de la región trabajando para él. Ya que Jesús predicaba el Evangelio por todas partes de la región donde Pilato residía, el gobernador romano sabía muy bien los numerosos milagros que Jesús había realizado, de Su mensaje de amor, de las sanidades que había hecho en los enfermos, de Su prédica de Dios y de muchas cosas más. Además, por los informes que sus espías le enviaban, Pilato dedujo que Jesús era un hombre bueno e inocente.

Más aún, como Pilato era consciente que los judíos, por celos, estaban desesperados por matar a Jesús, hizo todo lo que pudo para liberarlo. Sin embargo, también estaba convencido que de no prestar atención al reclamo de los judíos resultaría en un disturbio social mayor en su provincia, y por eso, a pedido de los judíos, terminó entregando a Jesús para que fuera crucificado. Si la agitación se hubiera originado en su jurisdicción, con toda seguridad hubiera sido una grave responsabilidad que habría amenazado la propia vida de Pilato.

Al final, la conciencia cobarde de Pilato determinó su destino después de la muerte. En la forma en que los soldados romanos flagelaron a Jesús antes de Su crucifixión por orden de Pilato, así también ha sido condenado al mismo castigo: Eterna flagelación por los mensajeros del Infierno.

Pilato es azotado cada vez que se menciona su nombre

Jesús fue azotado de la siguiente manera: El látigo estaba hecho con partes de hierro o huesos que habían colocado al final de la larga tira de cuero. A cada golpe, el azote cubría el cuerpo de Jesús, y las partículas de hueso y metal penetraban en su carne. Al momento de jalar, se desgarraba la carne de las heridas que el mismo látigo había causado, dejando grandes y profundas lesiones.

De esa misma forma, cada vez que alguien menciona el nombre de Pilato en este mundo, los mensajeros del Infierno le azotan en el Hades. Durante cada servicio de adoración, muchos cristianos claman el Credo de los Apóstoles. Cada vez que se menciona la parte que cita "sufrió bajo Poncio Pilato", él es azotado. Cuando cientos y miles de personas claman juntos a la vez el nombre de Pilato, la frecuencia y la fuerza del azote se incrementan considerablemente. A veces, otros mensajeros del Infierno se reúnen alrededor de Pilato para flagelarlo aún más.

Y aun cuando el cuerpo de Pilato está destrozado y cubierto en sangre, los mensajeros del Infierno lo azotan aún más, como si estuvieran compitiendo entre sí. Este tormento no sólo arranca la carne de Pilato, sino también llega hasta los huesos y la médula.

Se le arranca constantemente la lengua

Mientras Pilato es torturado, él grita: "¡Por favor no digan mi nombre! Cada vez que lo hacen, sufro". Sin embargo, ninguna palabra sale de su boca. Le han cortado la lengua, porque con esa misma lengua sentenció a Jesús a ser crucificado. Cuando uno tiene dolor, el gritar ayuda un poco. Pilato, no tiene esa opción.

Sin embargo, hay algo diferente en el tormento de Pilato. En el caso de otras almas condenadas en el Hades, cuando las partes del cuerpo son extirpadas, descuartizadas o quemadas, esas partes se vuelven a regenerar. Sin embargo, en el caso de Pilato su lengua ha sido eternamente arrancada, como símbolo de la maldición. Aun cuando Pilato suplica y ruega para que la gente no mencione su nombre, se lo seguirá nombrando hasta el Día del Juicio. Y mientras más se mencione su nombre, su sufrimiento se hace cada vez más fuerte.

Pilato pecó deliberadamente

Cuando Pilato entregó a Jesús para ser crucificado, *"tomó agua y se lavó las manos delante del pueblo, diciendo: Inocente soy yo de la sangre de este justo; allá vosotros"* (Mateo 27:24). En respuesta, los judíos, desesperados por crucificar a Jesús, respondieron: *"Su sangre sea sobre nosotros, y sobre nuestros hijos"* (Mateo 27:25).

¿Qué sucedió con los judíos después que Jesús fue crucificado? Fueron masacrados cuando la ciudad de Jerusalén fue capturada y destruida por el general romano Tito en el año 70 d.C., desde entonces se dispersaron por todo el mundo y fueron oprimidos en tierras extranjeras. Durante la Segunda Guerra Mundial, a la fuerza se les reubicó en diversos campos de concentración en Europa, donde más de seis millones de judíos fueron asfixiados hasta morir en cámaras de gas o fueron brutalmente masacrados. Durante las cinco primeras décadas de su constitución como estado moderno, después de su independencia en 1948, el estado de Israel ha enfrentado constantemente amenazas, odio y oposición armada de parte de los países vecinos en el Medio Oriente.

A pesar que los judíos han recibido la retribución de lo que pidieron: "¡Qué Su sangre sea sobre nosotros, y sobre nuestros hijos!" esto no significa que el castigo de Pilato se haya reducido en algo. Pilato pecó deliberadamente. Tuvo más de una oportunidad para no pecar, pero aún así lo hizo. Incluso su esposa, después de haber sido advertida en sueños, instó a Pilato a no matar a Jesús. Ignorando a su propia conciencia y el consejo de su esposa, Pilato sentenció a Jesús a ser crucificado. Por ello, en el Hades está recibiendo el tercer nivel de tormento.

Incluso el día de hoy, la gente comete crímenes, aun sabiendo que es un delito, y divulgan los secretos de ciertas personas para su propio beneficio. En el Hades, el tercer nivel de tormento se aplica a aquellos que conspiran contra otros, dan falso testimonio, traicionan a otros en momentos de peligro o de dolor, etc.

Dios traerá toda obra a Juicio

Así como Pilato responsabilizó de la sangre de Jesús a los judíos lavándose las manos, algunas personas culpan a los demás de una situación en particular. No obstante, la responsabilidad de los pecados personales recae en cada uno. Cada individuo tiene libre albedrío, y no sólo tiene el derecho a decidir, sino también deberá asumir las consecuencias de sus decisiones. El libre albedrío permite que decidamos si aceptamos a Jesús como nuestro Salvador personal o le rechazamos, si debemos guardar o no el Día del Señor como un día santo, si debemos dar el diezmo completo a Dios, y cosas parecidas. Sin embargo, el resultado de nuestra elección se expresará en felicidad eterna en el Cielo o castigo eterno en el Infierno.

Por otra parte, las consecuencias de cualquier decisión que alguna vez haya tomado solamente recaen sobre usted, así que no puede culpar a nadie más por ello. Por eso no puede decir cosas como: "No creí en Dios por culpa de mis padres", o "no pude guardar el Día del Señor como día santo o dar el diezmo a Dios a causa de mi esposa". Si hubiera tenido fe, con seguridad tendría temor de Dios y guardaría todos Sus mandamientos.

Pilato, a quien le han cortado la lengua por la cobardía de sus palabras, le remuerde la conciencia y se lamenta, al ser constantemente azotado en el Hades. Sin embargo, después de la muerte, no hay una segunda oportunidad para Pilato ni para nadie.

No obstante, aquellos que están vivos, todavía tienen una oportunidad. Debería siempre tener temor a Dios y guardar

Sus mandamientos. Isaías 55:6-7 nos dice: *"Buscad a Jehová mientras puede ser hallado, llamadle en tanto que está cercano. Deje el impío su camino, y el hombre inicuo sus pensamientos, y vuélvase a Jehová, el cual tendrá de él misericordia, y al Dios nuestro, el cual será amplio en perdonar"*.

Y como Dios es amor, mientras aún estamos vivos, nos hace saber cómo es el Hades. Lo hace para despertar a muchos de su somnolencia espiritual, y para darnos fuerza y ánimo para compartir las buenas nuevas del evangelio a la mayor cantidad de personas, para que ellos también alcancen Su misericordia y compasión.

El castigo a Saúl, el primer rey de Israel

Jeremías 29:11 cita: *"Porque yo sé los pensamientos que tengo acerca de vosotros, dice Jehová, pensamientos de paz, y no de mal, para daros el fin que esperáis"*. Esta Palabra se les dio a los judíos cuando estaban exiliados en Babilonia. El versículo profetiza el perdón y la misericordia de Dios a Su pueblo, cuando fueron al exilio por haber pecado en contra de Dios.

Por esta misma razón, Dios está revelando estos mensajes acerca del Infierno. No lo hace como una maldición a los no creyentes y pecadores, sino para redimir a todos aquellos que llevan la pesada carga de ser esclavos de Satanás y del diablo, y así evitar que el ser humano, que ha sido creado a Su imagen, termine en ese horrible lugar que es el Infierno.

Por eso, en vez de tener miedo a esas terribles escenas del Infierno, todo lo que tenemos que hacer es entender el inmensurable amor de Dios y, si no es un creyente, aceptar a Jesucristo como su Salvador personal, en este momento. Si no ha vivido de acuerdo a la Palabra de Dios, y no ha depositado su fe en Él, arrepiéntase y obedezca lo que le dice.

Saúl desobedeció repetidamente a Dios

Cuando Saúl ascendió al trono, se humilló en gran manera. Sin embargo, pronto se hizo arrogante y no obedeció la Palabra de Dios. Fue por mal camino y al final Dios lo abandonó y alejó Su rostro de él. Cuando se peca contra Dios, hay que arrepentirse y cambiar de forma de pensar. No debería tratar de presentar excusas o esconder su pecado. Solamente entonces, Dios recibirá su oración de arrepentimiento y abrirá la puerta del perdón.

Cuando Saúl se enteró que Dios había ungido a David como su sucesor, el rey consideró a David su enemigo y de ahí en adelante trató de matarlo. Saúl incluso mandó a matar a los sacerdotes que servían a Jehová porque habían ayudado a David (1 Samuel 22:18). Este accionar era lo mismo que oponerse abiertamente a Dios.

De este modo, Saúl continuó desobedeciendo a Dios y fue añadiendo maldad a su mal accionar. Sin embargo, Dios no lo juzgó inmediatamente, y aunque por mucho tiempo Saúl persiguió a David y estuvo determinado a matarle, Dios dejó que continuara viviendo.

Esto tuvo un doble propósito. Primero: Dios se propuso moldear a David para que fuera un rey con un corazón conforme a Dios. Segundo: Dios le dio a Saúl tiempo y oportunidades para arrepentirse de su maldad.

Si Dios nos quitara la vida cada vez que cometemos un pecado lo suficientemente grave como para merecer la muerte, ninguno de nosotros estaría vivo. Dios perdona; y espera y espera, pero si uno no se vuelve a Él, buscará otra manera. Sin embargo, Saúl no pudo entender el corazón de Dios y fue en pos de los deseos de la carne. Al final, Saúl fue gravemente herido en batalla y murió suicidándose con su propia espada (1 Samuel 31:3-4).

El cuerpo de Saúl está suspendido en el aire

¿Cuál es el castigo para el arrogante Saúl? Su cuerpo está suspendido en el aire y una puntiaguda lanza le perfora el abdomen. La punta de la lanza tiene algo parecido a filosos taladros.

Es muy doloroso estar suspendido en el aire, y es incluso más atroz si, estando suspendido en el aire, una lanza le perfora el abdomen, y además su peso incrementa el dolor. La lanza despedaza el abdomen, perforándolo con afiladas cuchillas y taladros. Y en la medida en que la piel es desollada, se pueden ver los músculos, los huesos, e intestinos.

De vez en cuando, el mensajero del Infierno se acerca a Saúl y le da vuelta a la espada, y todas las hojas afiladas y los taladros que están pegados le destrozan el cuerpo. Al mover de esta manera la espada, los pulmones, el corazón, el estómago y los intestinos de

Saúl revientan.

Poco después de soportar esta horrible tortura y con los intestinos hechos pedazos, todas sus entrañas se restablecen completamente. Una vez que son totalmente restaurados, el mensajero del Infierno se acerca a Saúl y repite el procedimiento. A medida que sufre, Saúl reflexiona en todas las oportunidades que tuvo en esta vida para arrepentirse, pero las desperdició.

¿Por qué desobedecí la voluntad de Dios?
¿Por qué luché contra Él?
¡Debería haber oído
la represión del Profeta Samuel!
¡Debería haberme arrepentido
cuando mi hijo Jonatán me rogó con lágrimas!
Si tan sólo no hubiera sido tan malo con David,
mi castigo podría haber sido más suave....

De nada le sirve a Saúl estar lleno de remordimiento o arrepentirse después de haber ido al Infierno. Es insoportable estar suspendido en el aire con una lanza atravesándole el abdomen. No obstante, cuando el mensajero del Infierno se le acerca para otra sesión de tortura, Saúl se llena de temor. El dolor que ha soportado hace sólo unos instantes está todavía vívido en él, y se sofoca y ahoga pensando en lo que vendrá.

Tal vez Saúl podría rogar: "¡Por favor déjenme sólo!", o "¡Por favor, detengan esta tortura!" Pero es inútil. A más temor de Saúl, más complacido está el mensajero del Infierno. Lo herirá más y más con la lanza, y la agonía de sentir su cuerpo destrozado se repetirá eternamente para Saúl.

Antes de la caída está la altivez de espíritu y la arrogancia

El siguiente caso ocurre muy frecuentemente en cualquier iglesia. Al comienzo, un nuevo creyente, luego de recibir el Espíritu Santo, estará lleno de gozo. Por un tiempo estará deseoso de servir al Señor y a los siervos de Dios. Sin embargo, después, ese mismo creyente empezará a desobedecer la voluntad de Dios, de la iglesia, y de los siervos de Dios. Y si eso continúa, comenzará a juzgar y a condenar a los demás con la Palabra de Dios que ha escuchado. También será muy probable que se vuelva arrogante en sus acciones.

El primer amor que sintió por el Señor con el transcurso del tiempo se fue apagando, y su esperanza una vez puesta en el Cielo, ahora está en las cosas de este mundo, cosas que una vez abandonó. Incluso en la iglesia, ahora quiere que los demás lo sirvan, se vuelve codicioso de dinero y de poder, y se entrega a los deseos de la carne.

Cuando ese creyente era pobre, tal vez hubiera orado de la siguiente manera: "Dios, ¡bendíceme materialmente!" ¿Qué hace una vez que recibe esa bendición? En vez de usarla para ayudar a los pobres, a las misiones, y a la obra de Dios, malgasta la bendición financiera de Dios buscando los placeres de este mundo.

Por esto, el Espíritu Santo que vive dentro del creyente se entristece y contrista, su espíritu enfrentará muchas pruebas y dificultades; la retribución a su extravío vendría muy pronto. Y si siguiera pecando, su conciencia se volvería insensible, y su corazón no llegaría a distinguir la voluntad de Dios de la codicia, que al final terminaría buscando.

A veces, podría sentir celos de los siervos de Dios, que son estimados y amados por los miembros de su iglesia. Podría acusarlos falsamente e interferir en sus ministerios. Fomentaría la división dentro de la iglesia para su propio beneficio, y de este modo destruiría la iglesia en la que Cristo habita.

Tal persona seguirá oponiéndose a Dios y se convertirá en un instrumento de Satanás y del diablo, y terminará como Saúl.

Dios resiste a los soberbios pero da gracia a los humildes

1 Pedro 5:5 cita: *"Dios resiste a los soberbios, y da gracia a los humildes"*. Los orgullosos juzgan el mensaje mientras lo están escuchando. Aceptan lo que está de acuerdo con su propia forma de pensar, pero rechazan lo que no está de acuerdo a ella. La mayoría de los pensamientos del ser humano son diferentes a los de Dios. Usted no puede decir que cree y ama a Dios si sólo acepta las cosas que concuerdan con sus pensamientos.

1 Juan 2:15 nos dice: *"No améis al mundo, ni las cosas que están en el mundo. Si alguno ama al mundo, el amor del Padre no está en él"*. Del mismo modo, si el amor del Padre no está en una persona, no tendrá comunión con Dios. Por eso, si usted dice que tiene comunión con el Padre, pero todavía camina en

oscuridad, miente y no vive en la verdad (1 Juan 1:6).

Debe estar siempre alerta y constantemente examinarse a sí mismo para ver si hay algo de arrogancia en usted, si quiere que los demás lo sirvan en vez de servir usted a los demás, y si ha dejado que el amor por este mundo entre en su corazón.

El cuarto nivel de tormento: El castigo a Judas Iscariote

Hemos visto que el primer, segundo y tercer nivel de tormento en el Hades son más crueles de lo que podríamos imaginar. También hemos visto las diversas razones por las cuales estas almas reciben esos castigos.

A partir de ahora, vamos a ver los castigos más crueles que hay en el Hades. ¿Cuáles son estos castigos del cuarto nivel de tormento y qué pecado hay que cometer para merecerlos?

El pecado que no se puede perdonar

La Biblia nos dice que si uno se arrepiente, sus pecados son perdonados. Sin embargo, hay pecados que no pueden ser perdonados; estos son los pecados que llevan a la muerte (Mateo 12:31-32; Hebreos 6:4-6, 10:26-27; 1 Juan 5:16). Los que blasfeman contra el Espíritu Santo, los que deliberadamente pecan ya conociendo la verdad, y los que cometen otros pecados que se incluyen en esta categoría, irán a la parte más profunda del Hades.

Por ejemplo: A menudo vemos personas que han sido sanadas o que han resuelto sus problemas por la gracia de Dios. Al comienzo, están deseosos de trabajar para Dios y la iglesia. Sin embargo, luego de un tiempo los vemos siendo tentados por el mundo, y poco a poco le dan la espalda a Dios.

Otra vez se entregan a los placeres de este mundo, pero ahora, lo hacen con mayor intensidad. Deshonran a la iglesia e insultan a otros cristianos y a los siervos de Dios. Con frecuencia, aquellos que profesan públicamente su fe en Dios son los primeros en juzgar y calificar a las iglesias o a los pastores como "herejes" basados en su propia opinión y razonamiento. Cuando ven una iglesia llena del poder del Espíritu Santo y los milagros que Dios está obrando a través de Sus siervos, califican inmediatamente a toda la congregación como "herética" o dicen que las obras del Espíritu Santo son hechas por Satanás, simplemente porque no pueden concebir este obrar sobrenatural.

Han traicionado a Dios y no pueden recibir el espíritu de arrepentimiento. En otras palabras, esas personas no podrán arrepentirse de sus pecados. De este modo, después de la muerte, estos supuestos "cristianos" recibirán un castigo más severo que aquellos que no aceptaron a Jesucristo como su Salvador personal y que también terminaron en el Hades.

2 Pedro 2:20-21 señala: *"Ciertamente, si habiéndose ellos escapado de las contaminaciones del mundo, por el conocimiento del Señor y Salvador Jesucristo, enredándose otra vez en ellas son vencidos, su postrer estado viene a ser peor que el primero. Porque mejor les hubiera sido no haber conocido el camino de la justicia, que después de haberlo*

conocido, volverse atrás del santo mandamiento que les fue dado". Estas personas, aun cuando habían conocido la Palabra de Dios, la desobedecieron y se rebelaron contra Dios. Por esta razón serán castigados con mayor severidad que aquellos que no creyeron.

Aquellos con la conciencia cauterizada

Las almas que reciben el cuarto nivel de tormento no solamente han cometido pecados imperdonables, sino que también tienen sus conciencias cauterizadas por el pecado. Algunos han llegado a ser completamente esclavos de Satanás y del diablo, quienes se enfrentaron a Dios y se opusieron al Espíritu Santo. Es como si estas personas hubieran crucificado en persona a Jesús en la cruz.

Jesús nuestro Salvador fue crucificado para perdonar nuestros pecados y liberar al hombre de la maldición de la muerte eterna. Su preciosa sangre redimió a todos aquellos que creen en Él. Sin embargo, la maldición que cae sobre aquellos que reciben el cuarto nivel de tormento impide que sean salvos, incluso por la sangre de Jesucristo. Por ello, han sido condenados a ser crucificados en sus propias cruces y recibir el castigo que merecen en el Hades.

Judas Iscariote, uno de los Doce Discípulos de Jesús y quizás el traidor más conocido en la historia de la humanidad, es un claro ejemplo de esto. Judas, con sus propios ojos, vio al Hijo de Dios en carne. Llegó a ser uno de los discípulos de Jesús, aprendió la Palabra, y fue testigo presencial de las obras y de las señales milagrosas que hizo nuestro Señor. Sin embargo, Judas fue instigado por Satanás y vendió a su maestro por 30 piezas de plata.

No importa lo mucho que Judas Iscariote quiera arrepentirse

¿Quién cree que es más culpable: Poncio Pilato que sentenció a Jesús a ser crucificado, o Judas Iscariote quien vendió a Jesús a los judíos? La respuesta de Jesús a una de las preguntas de Poncio Pilato nos da una clara idea de ello:

"Ninguna autoridad tendrías contra mí, si no te fuese dada de arriba; por tanto, el que a ti me ha entregado, mayor pecado tiene" (Juan 19:11).

El pecado que Judas cometió es en realidad un pecado muy grave. Tan grave que no puede ser perdonado y por el cual no hay un espíritu de arrepentimiento. Cuando Judas se dio cuenta de la magnitud de su pecado, se lamentó y devolvió el dinero, pero nunca tuvo ese espíritu de arrepentimiento.

Al final, incapaz de sobrellevar el peso de su pecado, angustiado por todo, Judas Iscariote se suicidó. Hechos 1:18 nos dice de Judas: *"...cayendo de cabeza, se reventó por la mitad, y todas sus entrañas se derramaron"*, describiendo así su triste final.

Judas colgado en una cruz

¿Qué clase de castigo recibe Judas en el Hades? En la parte más profunda del Hades, lo primero que se ve es a Judas colgado en una cruz, y junto a Judas en su cruz, están las cruces de aquellos que se rebelaron contra Dios. La escena se parece a una fosa común o a un cementerio después de una guerra a gran escala o a un matadero lleno de animales muertos.

La crucifixión es uno de los más crueles castigos incluso en este mundo. El uso de este tipo de ejecución sirve como un ejemplo así como un aviso a todos los criminales y a eventuales criminales sobre su posible futuro. Cualquiera que esté crucificado por muchas horas, que de por sí es una agonía más cruel que la misma muerte, sentirá las partes de su cuerpo quebrarse, los insectos picándole todo el cuerpo y la sangre que le sale a chorros, por tanto, anhelará exhalar su último suspiro lo más pronto posible.

En este mundo el tormento de la crucifixión dura máximo un medio día. Sin embargo, en el Hades, donde la tortura no termina y donde no hay muerte, la tragedia del castigo de la crucifixión continuará hasta el Día del Juicio.

Además Judas lleva puesta una corona hecha de espinas, la cual constantemente crece y rasga su piel, perfora su cráneo, y traspasa el cerebro. Aparte de eso, debajo de sus pies están los que parecen ser animales o reptiles que se arrastran y retuercen. Si vemos más de cerca, nos damos cuenta que son otras almas que han caído en el Hades, y que también están atormentando a

Judas. Esas almas se opusieron igualmente a Dios en este mundo y por su conciencia cauterizada acumularon maldad tras maldad. Ellos también están siendo castigados y torturados duramente, y mientras más son torturados, más violentos se vuelven; para desahogar su ira y agonía, se turnan, traspasando a Judas con lanzas.

Luego, los mensajeros del Infierno se burlan de Judas diciendo: "¡Éste es el que vendió al Mesías! ¡Qué bueno que lo hizo! ¡Bien por él!"

El horrible tormento mental por haber vendido al Hijo de Dios

En el Hades, Judas Iscariote tiene que soportar no sólo la tortura física, sino también un tremendo e insoportable tormento mental. Siempre recordará que fue maldito por haber vendido al Hijo de Dios. Además, como el nombre "Judas Iscariote" ha llegado a ser sinónimo de traición incluso en este mundo, su tormento mental se incrementa en esa misma medida.

Jesús ya sabía con anticipación que Judas lo iba a traicionar, y también sabía lo que le iba a suceder después de su muerte. Por eso, Jesús trató de hacerlo recapacitar con la Palabra. Sin embargo, Él igualmente sabía que Judas no iba a ser restaurado. Por eso, en Marcos 14:21 vemos a Jesús lamentándose: *"Mas ¡ay de aquel hombre por quien el Hijo del Hombre es entregado! Bueno le fuera a ese hombre no haber nacido"*.

En otras palabras, si alguien recibe el primer nivel de tormento, es decir, el castigo más ligero, le sería mejor no haber nacido porque el dolor que va a sufrir es tremendo. Pero ¿qué hay de Judas? ¡Él recibirá el más severo de todos los castigos!

Para no ir al Infierno

¿Quién, entonces, teme a Dios y guarda Sus mandamientos? Este es aquel que siempre guarda el Día del Señor como un día santo y que da el diezmo completo a Dios, los dos elementos fundamentales de la vida cristiana.

Guardar el Día del Señor como un día santo es reconocer la soberanía de Dios en el reino espiritual; es una señal que lo distingue como Hijo de Dios. Si no santifica el día del Señor, sin embargo, no importa lo mucho que confiese su fe en Dios, no habrá ninguna evidencia espiritual que demuestre que usted sea un hijo de Dios. En ese caso, irá al Infierno.

Dar el diezmo completo a Dios significa que reconoce la soberanía de Dios sobre sus propiedades. También significa que reconoce y entiende que Dios es el dueño de todo y que todo le pertenece a Él. Conforme cita Malaquías 3:9, los israelitas estuvieron bajo maldición después de "robar a Dios". Él creó el universo y le dio una vida. Él nos da la luz del sol y la lluvia para vivir, la energía para trabajar, y la protección para trabajar cada día. Dios es dueño de todo lo que usted posee. Por eso, aunque todos nuestros ingresos en verdad le pertenecen a Dios, Él nos concedió la gracia de darle sólo una décima parte de todo lo que ganamos, y usar el resto a nuestra disposición. En tanto que permanezcamos fieles a Él con respecto al diezmo, Dios, como prometió: *"Abriré las ventanas de los Cielos, y derramaré sobre vosotros bendición hasta que sobreabunde"* (Malaquías 3:10). No obstante, si no damos el diezmo a Dios, eso significa que no creemos en Su promesa para bendecir, que nos falta fe para ser salvos, y como le hemos robado a Dios, no podremos ir a otro lugar sino al Infierno.

Por tanto, siempre debemos guardar el Día del Señor como un día santo, dar el diezmo completo a Aquel a quien todo le pertenece, y guardar todos Sus mandamientos prescritos en los sesenta y seis libros de la Biblia. Es mi oración que ninguno de los que leen este libro vaya al Infierno.

En este capítulo hemos profundizado en las diversas clases de tormentos, divididos principalmente en cuatro niveles, que se aplican a las almas condenadas en el Hades. ¡Se imaginan lo cruel, y terrorífico que debe ser este lugar!

2 Pedro 2:9-10 menciona: *"Sabe el Señor librar de tentación a los piadosos, y reservar a los injustos para ser castigados en el día del juicio; y mayormente a aquellos que, siguiendo la carne, andan en concupiscencia e inmundicia, y desprecian el señorío. Atrevidos y contumaces, no temen decir mal de las potestades superiores"*.

Aquellos hombres que son malvados y que pecan y hacen el mal, e interfieren o perturban el obrar de la iglesia, no temen a Dios. Esas personas que abiertamente van contra Dios no pueden ni deberían buscar o esperar la ayuda de Dios en tiempos de aflicción y de pruebas. Hasta que el Juicio del Gran Trono Blanco se lleve a cabo, estarán confinados en las profundidades del Hades y recibirán el tormento de acuerdo a la magnitud de sus malas obras.

Aquellos que viven una vida de bondad, recta y consagrada, serán siempre obedientes y fieles a Dios. Por eso, aun cuando la maldad del hombre llenó la Tierra y Dios tuvo que abrir las aguas de los Cielos, sólo Noé y su familia se salvaron (Génesis 6-8).

De la misma manera en que Noé tuvo temor de Dios y obedeció Sus mandamientos, evitando así el Juicio y alcanzando la salvación, nosotros también debemos llegar a ser hijos obedientes de Dios en todo lo que hagamos, de modo que lleguemos a ser verdaderos hijos de Él y cumplamos el propósito para el cual nos ha creado.

Capítulo 6

El tormento por la blasfemia contra el Espíritu Santo

Tormento en una vasija con agua hirviendo

Escalar un precipicio perpendicular

Quemados en la boca con un hierro caliente

Enormes máquinas de tortura

Ser atado al tronco de un árbol

"A todo aquel que dijere alguna
palabra contra el Hijo del Hombre,
le será perdonado; pero al que blasfemare
contra el Espíritu Santo, no le será perdonado."
- Lucas12:10 -

"Porque es imposible que los que una vez fueron
iluminados y gustaron del don celestial, y fueron hechos
partícipes del Espíritu Santo, y asimismo gustaron
de la buena palabra de Dios y los poderes del siglo
venidero, y recayeron, sean otra vez renovados para
arrepentimiento, crucificando de nuevo para sí mismos
al Hijo de Dios y exponiéndole a vituperio."
- Hebreos 6:4-6 -

En Mateo 12:31-32 Jesús nos dice: *"Por tanto os digo: Todo pecado y blasfemia será perdonado a los hombres; mas la blasfemia contra el Espíritu no les será perdonada. A cualquiera que dijere alguna palabra contra el Hijo del Hombre, le será perdonado; pero al que hable contra el Espíritu Santo, no le será perdonado, ni en este siglo ni en el venidero".*

Jesús declaró estas palabras a los judíos, quienes le habían criticado por predicar el evangelio y por hacer milagros propios del poder divino, diciendo que estaba bajo la potestad del espíritu del maligno o que estaba efectuando esos milagros por el poder de Satanás y del diablo.

Incluso hoy muchas personas que profesan tener fe en Cristo, condenan a las iglesias que están llenas del poder y de los prodigios del Espíritu Santo y las califican como "heréticas" o como "obras del diablo" simplemente porque no pueden comprender ni aceptar este obrar sobrenatural. Pero, ¿de qué otro modo se puede expandir el reino de Dios y difundir el Evangelio en el mundo entero sin demostrar el poder y la autoridad que provienen de Dios, es decir, por medio del obrar del Espíritu Santo?

Oponerse a las obras del Espíritu Santo es igual que oponerse a Dios mismo. Dios no podrá, entonces, reconocer como hijos a aquellos que se oponen al obrar del Espíritu Santo, por mucho que ellos se consideren "cristianos".

Por eso, se debe tener en cuenta que incluso después de ver y experimentar la presencia de Dios a través de Sus siervos y de las maravillosas y milagrosas señales, si aún así una persona condena a los siervos de Dios y a Su iglesia como "herejes", estará obstruyendo y blasfemando peligrosamente contra el Espíritu Santo y estará condenado a ir a las profundidades del Infierno.

Si una iglesia, un pastor, o cualquier otro siervo de Dios acepta la verdad de la Trinidad de Dios, cree que la Biblia es la Palabra inspirada de Dios y la enseña tal como es, además es consciente de la vida que viene después de la muerte; sea en el Cielo o en el Infierno, así como del Juicio Final, y cree que Dios tiene soberanía sobre todas las cosas, y que Jesús es nuestro Salvador, entonces nadie debería ni podría condenar ni calificar a la iglesia, al pastor, o al siervo de Dios como "hereje".

Desde la fundación de la Iglesia Central Manmin en 1982, y por la gracia de Dios, he podido guiar a miles de almas al camino de la salvación por el obrar del Espíritu Santo. Algo asombroso es que, entre los que vieron y experimentaron en forma personal el obrar del Dios vivo, se encontraban aquellos que se habían opuesto a Dios obstaculizando activamente los objetivos y las obras de nuestra congregación, esparciendo rumores y mentiras acerca de mí y de la iglesia.

Al explicarme la angustia y la agonía del Infierno, Dios también me reveló los castigos que aguardan en el Hades a aquellos que obstaculizan, desobedecen y blasfeman contra el Espíritu Santo. ¿Qué clase de tormentos recibirán?

Tormento en una vasija con agua hirviendo

Lamento y maldigo las promesas y votos que hice en mi matrimonio a mi esposo.

¿Por qué estoy en este miserable lugar?
¡Me engañó, y por su culpa estoy aquí!

Este es el lamento de una esposa que está recibiendo el cuarto nivel de tormento en el Hades. La razón por la cual su agonizante lamento resuena por todo ese oscuro y sombrío lugar es porque su esposo la engañó para que no creyera en Dios.

La esposa, aun cuando tenía maldad en su corazón, hasta cierto punto tenía temor de Dios. Por eso, ella sola no se hubiera opuesto al Espíritu Santo y a Dios. Sin embargo, por seguir los deseos de la carne, la maldad de la conciencia de su esposo contagió la de ella, y ambos se opusieron en gran manera a Dios y a Sus obras.

De esta pareja que hizo lo malo, ahora ambos son castigados juntos en el Hades, y sufrirán por todas sus maldades. Pero, ¿en qué consiste su castigo en el Hades?

El hombre y su esposa son atormentados juntos

De la olla emana un hedor fétido, y las almas condenadas son sumergidas, una a una, en un líquido que hierve a gran temperatura. Cuando el mensajero del Infierno coloca el alma en la olla, la temperatura del líquido le produce ampollas por todo el cuerpo, lo que hace que su espalda se parezca a la de un sapo, y que los ojos salten de sus cuencas.

Cada vez que tratan desesperadamente de evitar este tormento y sacan sus cabezas de la olla, unos pies enormes los aplastan y los vuelven a sumergir. En las plantas de los inmensos pies de los mensajeros del Infierno hay incrustadas pequeñas puntas de hierro. Cuando pisotean las cabezas, les producen profundos cortes y heridas y las almas vuelven a sumergirse en la olla otra vez.

Poco después sacan sus cabezas otra vez porque no pueden soportar el intenso calor. En ese momento los vuelven a sumergir otra vez dentro de la olla. Además, como son atormentados uno por uno, si el esposo está dentro de la olla, la esposa tiene que mirar su angustia, y viceversa.

La olla es transparente de modo que el interior se puede ver por fuera. Al comienzo, cuando el esposo o la esposa ven a su amado o amada ser torturado y atormentado de esa manera tan horrible, por el amor que se tuvieron claman misericordia a favor del otro:

¡Mi esposa está adentro!
¡Por favor sáquenla!
Por favor detengan ese sufrimiento.
No, no, no la pisoteen.
¡Por favor sáquenla, por favor!

Sin embargo, poco tiempo después, las súplicas del esposo cesan. Luego de haber sido atormentado unas cuantas veces, se da cuenta que mientras su esposa es atormentada, él puede descansar del castigo, y que cuando ella sale de la olla, es su turno de ser castigado.

Se culpan y maldicen el uno al otro

Las parejas casadas en este mundo no serán pareja en el Cielo. No obstante, esta pareja permanecerá como tal en el Hades y serán castigados juntos. Por eso, como saben que tienen que turnarse para ser castigados, sus súplicas ahora son totalmente diferentes:

No, no, por favor no la dejen salir.
¡Que se quede allí!
¡Por favor déjenla allí!
Para que yo pueda descansar un poco más.

La mujer quiere que su esposo continúe sufriendo, y el esposo también suplica para que su esposa se quede en la olla hirviendo. Sin embargo, al mirar el sufrimiento del otro no queda tiempo para descansar. Estos breves descansos no compensan la incesante agonía, especialmente porque el esposo sabe que después de su esposa, viene su turno. Además, cuando uno de ellos está siendo atormentado, y ve y escucha al otro pidiendo que continúen con el castigo, ambos se maldicen el uno al otro.

Aquí claramente nos damos cuenta del límite del amor humano. La realidad del amor carnal, y la realidad del Infierno, es que cuando uno enfrenta un gran dolor o tormento, desea que otra persona sea atormentada en su lugar.

Mientras la esposa se lamenta por no haber creído en Dios "por culpa de su esposo", le dice a él: "¡Por tu culpa estoy aquí!" Respondiendo, y en voz más alta, el esposo maldice y culpa a su esposa porque le hizo caso y también tomó parte en sus malas obras.

Mientras más maldad haya en la pareja...

Los mensajeros del Infierno en el Hades se gozan y deleitan atormentando a estas dos personas quienes se maldicen entre sí y les ruegan que castiguen más a su pareja.

¡Miren! Incluso aquí en el Hades se están maldiciendo el uno al otro.

¡Esa maldad nos agrada!

Los mensajeros del Infierno prestan bastante atención como si estuvieran viendo una película interesante, y de vez en cuando atizan el fuego aún más para divertirse mucho. Mientras la pareja más sufre, más se maldicen el uno al otro, y naturalmente, la risa de los mensajeros se hace más fuerte.

Tenemos que entender claramente algo importante aquí. Cuando la gente hace lo malo incluso en esta vida, los espíritus malignos se complacen y deleitan. Del mismo modo, mientras las personas cometan más maldad, más se alejan y separan de Dios.

Cuando usted enfrenta dificultades y se compromete con

el mundo, se lamenta, se queja y tiene amargura con respecto a ciertas personas o circunstancias, el diablo enemigo se acerca a usted, y alegremente aumenta sus dificultades y tribulaciones.

Los hombres sabios que conocen la ley del mundo espiritual nunca se lamentarán o se quejarán, sino que por el contrario darán gracias en todas circunstancias y con una actitud positiva siempre confesarán su fe en Dios, de modo que se asegurarán que sus corazones estén siempre enfocados en Él. Además, aunque el mal, o alguna mala persona lo aflija, como nos dice Romanos 12:21: *"No seas vencido de lo malo, sino vence con el bien el mal"*, siempre debe enfrentar el mal tan sólo con el bien y encomendarse completamente a Dios.

Del mismo modo, cuando hace lo que es bueno y camina en la luz, usted poseerá el poder y la autoridad para vencer la influencia de los espíritus malignos. Entonces, el enemigo Satanás y el diablo no podrán acusarle de ser malo y todas sus dificultades se alejarán más rápidamente. Dios se complace cuando Sus hijos actúan y viven en armonía con la buena fe que profesan.

Bajo ninguna circunstancia el mal debe emanar de su interior de la manera que nuestro enemigo Satanás quiere, por el contrario, siempre piense en la verdad y condúzcase en la fe en una forma que sea agradable a nuestro Padre Dios.

Escalar un precipicio perpendicular

Si usted es un siervo de Dios, un anciano, o un obrero de su iglesia, es probable que en cualquier momento sea víctima o presa de Satanás si no circuncida su corazón sino que sigue pecando.

Algunas personas se apartan de Dios porque aman el mundo. Otros dejan de asistir a la iglesia después de haber sido tentados. Además otros se oponen a Dios al obstaculizar los planes y misiones de su iglesia, lo cual los lleva a la senda de la muerte sin posibilidad de defensa.

Un caso de toda una familia que traicionó a Dios

La siguiente es una historia de la familia de un individuo que una vez había trabajado fielmente para la iglesia de Dios. No circuncidaron sus corazones, los cuales estaban llenos de violencia y codicia. Como consecuencia, influenciaron su mal ejemplo sobre otros miembros de la iglesia y cometieron pecados repetidamente. Al final, el castigo de Dios descendió sobre ellos, ya que al padre de esta familia le diagnosticaron una grave enfermedad. Toda la familia se reunió y empezaron a elevar sus oraciones de verdadero arrepentimiento y oraciones por la vida de su padre.

Dios aceptó su oración de arrepentimiento y sanó al padre. En ese tiempo, Dios me dijo algo completamente inesperado: "Si yo llamase su espíritu a mi presencia ahora, él podría recibir la salvación. Si le dejo vivir un poco más, no recibirá ninguna clase de salvación".

No entendí lo que Él me quiso decir pero unos meses después, al ser testigo del comportamiento de la familia, comprendí rápidamente lo que Dios me había dicho. Un miembro de la familia había sido un obrero fiel en mi iglesia. Empezó a obstruir la iglesia de Dios y Su reino al testificar falsamente en contra de la iglesia y cometiendo muchas otras malas obras. Al final toda la familia fue arrastrada por el engaño y todos se apartaron de Dios.

Cuando este ex colaborador de mi iglesia se opuso y blasfemó gravemente contra el Espíritu Santo, el resto de su familia cometió pecados imperdonables, y el padre que había sido revivido por medio de la oración murió poco después. Si el padre hubiera muerto cuando tenía incluso muy poca fe, podría haber sido salvo. Sin embargo, abandonó su fe, quedándose sin ninguna oportunidad de salvación. Además, todos los miembros de la familia también caerán en el Hades, donde cayó el padre, y donde todos en la familia han de recibir castigos. ¿En qué consistirá su castigo?

Escalar un precipicio perpendicular sin ningún descanso

En el lugar donde la familia es castigada hay una ladera muy empinada. Es tan alta que la cima no es visible desde abajo. Aterrorizadores gritos llenan el aire. Casi a la mitad de esta espantosa ladera tres almas son castigadas, quienes desde lejos se ven como tres pequeñas manchas o puntos.

Están escalando esta áspera y difícil ladera usando solamente sus manos y estando descalzos. Como si sus manos y pies fuesen frotados con papel para lijar, su piel rápidamente se sale y se desgasta. Sus cuerpos están empapados en sangre. La razón por la cual están escalando esta ladera, la cual parece imposible de subir, es para escapar del mensajero del Infierno que está volando por toda esa área.

Cuando este mensajero del Infierno, después de observar a estas tres almas escala la ladera por un rato, levanta su mano, pequeños insectos que son exactamente igual al mensajero del Infierno se esparcen por todo el lugar como partículas de agua que salen como rocío de un aerosol. Mostrando sus filudos dientes con sus bocas bien abiertas, estos insectos trepan la subida rápidamente y cazan estas almas.

Imagínese que ve cientos de ciempiés, tarántulas y cucarachas, todas ellas casi del tamaño de un dedo, cubriendo el suelo cuando usted entra a su casa. También imagínese a todos estos espantosos insectos corriendo hacia usted, todos a la vez.

Sólo la escena de tales insectos es suficiente para asustarlo. Si todos estos insectos corren hacia usted al mismo tiempo, podría ser el momento más escalofriante de su vida. Si estos insectos empiezan a subir por sus pies y piernas y pronto arrollan e invaden su cuerpo, ¿de qué manera se puede describir esta escena tan horrible?

En el Hades, sin embargo, es imposible contar con exactitud si hay cientos o miles de estos insectos. Las almas solamente saben que hay un número incalculable de estos insectos, y que ellas son sus presas.

Muchísimos insectos se acercan a las tres almas apresuradamente

Al ver estos insectos en lo profundo del precipicio, las tres almas escalan la ladera cada vez más rápido. No mucho tiempo después, sin embargo, son atrapados rápidamente, doblegados, y caen al suelo sobre el cual se les abandona para que estos horribles insectos empiecen a picar y comer todas las partes de su cuerpo.

Cuando las partes de los cuerpos de estas almas son carcomidas, el dolor es tan grande e insoportable que gritan y lloran como bestias, y sin poder hacer nada, tuercen y mueven sus cuerpos agitadamente de un lado a otro. Tratan de sacudirse los insectos, y lo hacen pisoteándose y aplastándose unos a otros, mientras que se reprochan y maldicen unos a otros sin cesar. En medio de tal agonía, cada uno profiere más maldiciones que el otro y sólo buscan sus propios intereses, además de continuar insultándose el uno al otro. Los mensajeros del Infierno parecen disfrutar de esta escena más que cualquier otra cosa que alguna vez hayan visto.

Entonces, cuando el mensajero del Infierno vuela sobre el área, extiende su mano y junta estos insectos, en un instante estos desaparecen. Las tres almas no sienten el roer de los insectos ahora, pero no pueden dejar de escalar el precipicio perpendicular. Saben muy bien que el mensajero del Infierno al volar soltará pronto los insectos otra vez. Con todas sus fuerzas, vuelven a empezar la subida del acantilado. En esta aparente tranquilidad, las tres almas son atrapadas en temor abrumador por las cosas que vendrán y se esfuerzan por escalar el acantilado.

El dolor que sienten a causa de las heridas mientras están subiendo no puede ser ignorado fácilmente. No obstante, ya que el temor de los insectos que roen todo su cuerpo y lo dejan totalmente destrozado es mucho más grande, las tres almas no notan su cuerpo manchado de sangre, y escalan lo más rápido que pueden. ¡Cuán lamentable y triste es esto!

Quemados en la boca con un hierro caliente

Proverbios 18:21 nos dice: *"La muerte y la vida están en poder de la lengua,* *y el que la ama comerá de sus frutos"*. Jesús, en Mateo 12:36-37, nos dice: *"Mas yo os digo que de toda palabra ociosa que hablen los hombres, de ella darán cuenta en el día del juicio. Porque por tus palabras serás justificado, y por tus palabras serás condenado"*. Los dos pasajes nos dicen que Dios nos hará responsables por nuestras palabras y nos juzgará como corresponde.

Por un lado, aquellos que hablan las buenas palabras de verdad llevan fruto de acuerdo a sus palabras. Por otra parte, aquellos que profieren malas palabras sin fe llevan el mal fruto de acuerdo a las malas palabras habladas con esos labios perversos. A veces nosotros vemos cómo palabras dichas descuidadamente pueden ocasionar mucho dolor y angustia.

Cada palabra será tomada en cuenta y retribuida

Algunos creyentes, en su desesperación a causa de la persecución de parte de sus familias, declaran u oran: "Si mi familia puede arrepentirse por medio de un accidente, éste valdrá la pena". Tan pronto como el enemigo Satanás escucha estas palabras, acusa delante de Dios a esta persona, diciendo: "Las palabras de esta persona deberían cumplirse", de modo que las palabras en realidad se convierten en semillas, y el accidente, a causa del cual la gente queda discapacitada y luego enfrentan otras dificultades, en realidad llega a ocurrir.

¿Hay alguna necesidad de que usted se ocasione sufrimiento con tales palabras imprudentes e innecesarias? Lamentablemente cuando la aflicción confunde y oscurece sus vidas, mucha gente titubea. Otros ni siquiera se dan cuenta que las dificultades han venido a causa de sus propias palabras, y aun otros ni siquiera recuerdan que lo que dijeron fue lo que causó tal aflicción.

Por lo tanto, al recordar que toda palabra será retribuida de una forma u otra, debemos siempre comportarnos en la mejor forma y controlar nuestra lengua. A pesar de todo el intento, si lo que usted habla es cualquier cosa menos lo bueno y hermoso, Satanás puede fácilmente responsabilizarlo por sus palabras y será sometido a insoportables, y a veces innecesarios problemas, y ciertamente lo hará.

¿Qué le sucedería a alguien que intencionalmente habla mentiras acerca de la iglesia de Dios y de Su amado siervo, y por ello obstaculiza enormemente las misiones de la iglesia y se opone a Dios? Esa persona rápidamente llegará a estar bajo la influencia de Satanás y expuesta a los castigos del Infierno.

El siguiente es sólo un ejemplo de los castigos impuestos a todos aquellos que se opusieron al Espíritu Santo con sus palabras.

Las personas que se oponen al Espíritu Santo con sus palabras

Había una persona que había asistido y servido al Señor en mi iglesia por mucho tiempo, teniendo muchas clases de cargos. Sin embargo, no circuncidó su corazón, el cual es sin lugar a dudas lo más importante que se requiere de todo creyente. Exteriormente, parecía en todos los aspectos ser un fiel obrero que amaba a Dios, a la iglesia y a los hermanos de la iglesia.

Este hermano tenía un pariente que había sido sanado de una enfermedad incurable que pudo haberlo dejado permanentemente discapacitado, y otro que había revivido estando a punto de morir. Aparte de estos testimonios, su familia tuvo muchas experiencias y bendiciones de parte de Dios, pero nunca llegó a circuncidar su corazón y a despojarse del mal.

Por lo tanto, cuando la iglesia en conjunto enfrentó serias dificultades, los miembros de su familia fueron tentados por Satanás para traicionarla. No recordando la gracia y bendiciones que habían recibido por medio de la iglesia, se fue de la iglesia en la cual había servido por mucho tiempo. Además empezó a oponerse a esta iglesia y pronto, como si estuviera en una misión de evangelización, él mismo empezó a visitar a los miembros de la iglesia y a tratar de destruir su fe.

Aunque dejó la iglesia por falta de certeza en su fe, podría haber tenido la oportunidad de recibir la misericordia de Dios al final, si tan sólo se hubiese mantenido sin hablar acerca de asuntos que no conocía muy bien y si hubiese tratado de discernir lo correcto de lo incorrecto.

No obstante, no pudo vencer su propia maldad y pecó mucho con su lengua. Ahora sólo le aguarda una agonizante retribución.

Boca quemada y cuerpo retorcido

Un mensajero del Infierno quema su boca con un hierro caliente porque se opuso gravemente al Espíritu Santo con las palabras que salieron de su boca. Este castigo es parecido al de Poncio Pilato, el cual sentenció al inocente Jesús a la cruz con sus palabras, y ahora le arrancan la lengua continuamente en el Hades.

Asimismo, se le obliga a entrar en un tubo de vidrio que tiene tapones en cada base, donde están colocadas unas asas de metal. Cuando los mensajeros del Infierno voltean estas asas, el cuerpo del alma atrapada empieza a dar vueltas. Su cuerpo es sacudido más y más, y así como se exprime agua sucia de un trapeador, la sangre del alma sale a chorros por los ojos, nariz, boca y por los demás orificios de su cuerpo. Al final, toda su sangre y fluidos salen de sus células.

¿Puede imaginar cuánta fuerza se necesita para exprimir una gota de sangre torciendo su dedo?

Su sangre y fluidos se exprimen no sólo de una parte sino de todo su cuerpo, desde la cabeza hasta los pies. Todos sus huesos y músculos son retorcidos y hechos pedazos y todas sus células se desintegran, así que inclusive la última gota de cualquier líquido del cuerpo puede ser exprimido. ¡Cuán doloroso debe ser esto!

Finalmente el tubo de vidrio se llena de sangre y de los fluidos de su cuerpo, por eso se ve como una botella de vino tinto a cierta distancia. Después que los mensajeros del Infierno tuercen y retuercen el cuerpo de esa alma hasta que la última gota de líquido ha sido derramada, dejan el cuerpo abandonado por un momento para dejar que se restaure.

Pero aunque su cuerpo es restaurado, ¿qué esperanza tiene esta alma? Desde el momento que su cuerpo se restaura, las torceduras y la acción de exprimir su cuerpo se repiten sin fin. En otras palabras, los momentos de descanso son solamente una extensión de sus torturas.

Por haber obstaculizado el reino de Dios con sus palabras, los labios de esta alma son quemados y por haber ayudado activamente con las obras de Satanás, cada gota de líquido en su cuerpo es extraído.

En el mundo espiritual, el hombre cosecha lo que siembra, y cualquier cosa que haya hecho le será retribuido. Por favor, mantenga esta verdad en su mente, y no se rinda ante el mal sino únicamente con buenas palabras y obras, lleve una vida que glorifique a Dios.

Enormes máquinas de tortura

Esta alma experimentó personalmente las obras del Espíritu Santo cuando fue sanada de su enfermedad y debilidad. Después de eso, oró sinceramente a fin de circuncidar su corazón. Su vida fue guiada y controlada por el Espíritu Santo y produjo buenos frutos, se ganó el elogio y afecto de los miembros de la iglesia, y se convirtió en un ministro del Evangelio.

Atrapado en su propio orgullo

Puesto que se ganó el respeto y amor de aquellos a su alrededor, su corazón se llenó de tanta arrogancia, que ya no pudo considerarse con la debida humildad; e inconscientemente dejó de circuncidar su corazón. Siempre había sido un hombre de temperamento violento y de celos, y en vez de despojarse de estas actitudes, empezó a juzgar y condenar a todos aquellos que estaban en lo correcto, y guardaba rencor a cualquiera que no le agradase o que no estaba de acuerdo con él.

Una vez que el hombre es atrapado en su propio orgullo y hace lo malo, más maldad emana de él y ya no se controla o quiere prestar atención al consejo de ninguna persona. Ésta alma acumuló mal sobre mal, fue atrapado en la trampa de Satanás, y directamente se opuso a Dios.

La salvación no está completa cuando recibimos el Espíritu Santo. Aunque usted sea lleno del Espíritu Santo, experimente la gracia y esté sirviendo a Dios, es como el corredor en una maratón que todavía está a una larga distancia de la recta final, la purificación. No interesa cuán bien corran los atletas, si se detienen o desmayan, esto no beneficia al corredor en lo más mínimo. Muchas personas están corriendo hacia la línea final, el Cielo. No importa qué tan rápido pueda haber corrido hasta cierto punto, no importa qué tan cerca de la línea de la meta pueda haber llegado, si abandona la carrera, ese es el fin de la carrera para usted.

No asuma que usted está firme

Dios también nos dice que si somos "tibios", seremos vomitados (Apocalipsis 3:16). Aunque usted sea un hombre o mujer de fe, siempre debe estar lleno del Espíritu Santo, mantener pasión por Dios, y ardientemente avanzar e invadir el Reino de los Cielos. Si usted abandona la carrera a medio camino, al igual que los que no participan en la carrera desde el comienzo, no puede ser salvo.

Por esta razón, el apóstol Pablo, quien fue fiel a Dios con todo su corazón, confesó diciendo: *"Cada día muero"* y *"golpeo mi cuerpo, y lo pongo en servidumbre, no sea que habiendo sido heraldo para otros, yo mismo venga a ser eliminado"* (1 Corintios 15:31; 1 Corintios 9:27).

Aunque usted esté en la posición de enseñar a otros, si no abandona sus propios pensamientos y golpea su cuerpo y lo pone en servidumbre de la manera que lo hizo Pablo, Dios lo abandonará. Por eso es que *"vuestro adversario el diablo, como león rugiente, anda alrededor buscando a quien devorar"* (1 Pedro 5:8).

1 Corintios 10:12 dice: *"Así que, el que piensa estar firme, mire que no caiga"*. El mundo espiritual es muy amplio y el hecho de que lleguemos a asemejarnos más y más a Dios tampoco tiene fin. Del mismo modo en que un agricultor siembra la semilla en la primavera, la cultiva durante todo el verano, y cosecha sus frutos en el otoño, usted tiene que avanzar constantemente a fin de lograr que su alma prospere, y debe estar preparado para encontrarse con el Señor Jesús.

Torcer y arrancar la cabeza

¿Qué clases de castigos aguardan a esta alma, la cual dejó de circuncidar su corazón porque pensó que estaba firme, sin embargo al final se apartó del Señor?

Una máquina que tiene apariencia similar al mensajero del Infierno, un ángel caído, lo tortura. La máquina es mucho más grande que el mensajero del Infierno, y hace que el alma sienta escalofríos tan sólo al mirarla. Esta máquina de tortura tiene en sus manos filudas y puntiagudas uñas más largas que una persona de estatura regular.

Esta enorme máquina de tortura agarra al alma por el cuello con su mano derecha y le tuerce la cabeza con las uñas de la mano izquierda, la cual toma su cabeza y hunde sus uñas en su cerebro. ¿Puede tratar de imaginar cuán doloroso debe ser esto?

Este dolor físico es enorme, pero la agonía mental es más insoportable. Ante los ojos del alma hay una especie de presentación de diapositivas que describen claramente los momentos más felices en su vida: La felicidad que sintió cuando experimentó por primera vez la gracia de Dios, cuando le alababa con gozo, los momentos cuando estaba deseoso de cumplir el mandato de Jesús de "ir y hacer discípulos por todas las naciones", y otros momentos similares.

Tormento mental y burlas

Para esta alma cada escena es como un puñal en su corazón. Una vez fue un siervo del Dios Todopoderoso y tenía mucha esperanza por morar en la gloriosa Nueva Jerusalén. Ahora, está confinado en este desdichado lugar. Este enorme contraste rompe su corazón en pedazos. El alma no puede soportar más el tormento mental y en sus manos hunde su desaliñada, sangrienta cabeza y rostro. Ruega por misericordia y que la tortura termine, pero no hay fin a esta agonía.

Poco después, la máquina de tortura lo deja caer en el suelo. Entonces los mensajeros del Infierno, que contemplan cómo sufre el alma, lo rodean y se burlan diciendo: "¿Cómo pudiste ser un siervo de Dios? En realidad fuiste un apóstol de Satanás, y ahora eres la diversión de Satanás".

Al escuchar las burlas, solloza y clama por misericordia, los dos dedos de la mano derecha de la máquina torturadora lo levantan por el cuello. Sin tener en cuenta cómo el alma se mueve con desesperación, la máquina lo levanta a la altura de su cuello y clava sus afiladas y puntiagudas uñas en su cabeza con su mano izquierda. La máquina inflige más tormento mostrándole de nuevo las escenas de las diapositivas. Esta tortura continuará hasta el Día del Juicio.

Ser atado al tronco de un árbol

Este es el castigo de una persona que fue un siervo de Dios, que durante un tiempo enseñó a los miembros de su iglesia y que tenía muchos cargos importantes.

Oponerse al Espíritu Santo

Este creyente tuvo en su corazón un gran deseo por adquirir fama, ganancias personales y poder. Aunque diligentemente cumplió con sus deberes y responsabilidades, no se dio cuenta de la maldad que había dentro de su corazón. En un determinado momento dejó de orar, de este modo dejó de esforzarse por purificar su corazón con resultados muy negativos. Inconscientemente, toda clase de males brotaron dentro de él como hongos venenosos, y cuando la iglesia donde él servía pasó por una crisis muy difícil, Satanás inmediatamente tomó el control de su vida.

Cuando se opuso al Espíritu Santo después de haber sido tentado por Satanás, sus pecados llegaron a ser mucho más graves porque había sido un líder de su iglesia, de modo que influenció en forma negativa a muchos miembros de la iglesia y se opuso a la obra de Dios.

Expuesto a la tortura y a la burla

Este hombre recibe el castigo de estar amarrado al tronco de un árbol en el Hades. Su castigo no es tan severo como el de Judas Iscariote, pero es aún muy duro e insoportable.

El mensajero del Infierno muestra al alma una secuencia de imágenes con escenas que describen los momentos más felices de su vida, mayormente los momentos cuando era un fiel siervo de Dios. Este tormento mental le recuerda que una vez disfrutó hermosas experiencias con el Señor y tuvo la oportunidad de recibir las abundantes bendiciones de Dios pero nunca purificó su corazón a causa de su codicia y falsedad, y ahora está en este lugar para recibir este horrible y espantoso castigo.

Colgando de lo alto hay innumerables frutas de color negro, y después de mostrar al alma una escena de las secuencias de su vida, el mensajero del Infierno señala hacia arriba y se burla de él diciendo: "¡Tu codicia produjo frutas igual a éstas!" Luego las frutas caen una por una. Cada fruta en realidad es una cabeza de todos los que fueron arrastrados por rebelarse contra Dios. Ellos cometieron el mismo pecado junto con esta alma, y el resto de sus cuerpos, después de una horrible tortura, ha sido cortado. Solamente les quedan sus cabezas, las cuales ahora cuelgan del techo. El alma atada al árbol instó y tentó a estas personas en este mundo a seguir los caminos de su codicia y a hacer el mal, y de este modo se convirtieron en el fruto de su codicia.

Cada vez que un sirviente del Infierno se burla de él, esta burla sirve como una señal para que estas frutas caigan al suelo una por una y se revienten. Luego una cabeza sale rodando de la fruta con un fuerte chasquido. En algunos dramas, documentales históricos o de acción, obras teatrales o películas, podemos ver la cabeza de algún personaje que ha sido decapitado con el cabello desordenado, un rostro sangriento, labios llenos de ampollas y ojos vidriosos. Las cabezas que caen de lo alto se parecen bastante a las cabezas en estos dramas o películas.

Las cabezas que han caído mordisquean al alma

Cuando estas horribles cabezas caen, se adhieren al alma una por una. Primero se adhieren a sus piernas y las mastican.

Otra escena de las diapositivas pasa delante de los ojos del alma y el mensajero del Infierno se burla de él otra vez diciendo: "¡Mira, tu codicia está colgando como una fruta!" Luego otra fruta cae del techo, se revienta, y otra cabeza se adhiere a los brazos del alma y los muerde encolerizadamente.

De este modo, cada vez que el mensajero del Infierno se burla del alma, las cabezas caen del techo, una por una. Estas cabezas cuelgan por todo el cuerpo del alma como un árbol que lleva abundante fruto. El dolor de ser mordido por estas cabezas es completamente diferente a ser mordido por alguien o por animales de este mundo. El veneno de los dientes filudos de estas cabezas se esparce desde la parte mordida hasta la parte interna de los huesos, y hace que el cuerpo se ponga rígido y oscuro. Este dolor es tan angustioso que la mordedura producida por insectos, o incluso ser despedazado por bestias, parece mucho menos doloroso.

Las almas que tienen solamente sus cabezas tuvieron que sufrir el tormento de ver cómo sus cuerpos fueron despedazados y destrozados. ¿Cuánto odio tendrán contra esta alma? Aunque se rebelaron contra Dios a causa de su propia maldad, desean vengarse porque están en este lugar muy terrible e insoportable.

El alma sabe muy bien que es castigada a causa de su codicia. Sin embargo, en vez de lamentarse o arrepentirse de sus pecados, está ocupada maldiciendo las cabezas de las otras almas que muerden y destrozan su cuerpo. A medida que pasa el tiempo y el dolor aumenta, el alma se vuelve mucho más malvada y perversa.

Usted no debe cometer pecados imperdonables

He dado cinco ejemplos de los castigos que reciben las personas que se opusieron a Dios. Tales almas han de recibir castigos más graves que muchos otros porque durante un período de sus vidas trabajaron para expandir el Reino de Dios siendo líderes en su iglesia.

Debemos recordar que muchas almas, quienes han caído en el Hades y están recibiendo castigos, todas pensaban que creían en Dios, y que fiel y sinceramente le servían a Sus siervos y a Su iglesia.

Además, debemos recordar que nunca se debe hablar en contra, oponerse o blasfemar al Espíritu Santo. El espíritu de arrepentimiento no será dado a los que se oponen al Espíritu Santo, especialmente porque se oponen al Espíritu Santo después que profesaron su fe en Dios y después que experimentaron personalmente las obras del Espíritu Santo. De modo que, ni siquiera pueden arrepentirse.

Desde los primeros días de mi ministerio hasta el día de hoy, nunca he criticado a ninguna otra iglesia o a ningún otro siervo de Dios, y nunca los he calificado como "herejes". Si otras iglesias y pastores creen en el Dios Trinidad, reconocen la existencia del Cielo y del Infierno y predican el mensaje de salvación por medio de Jesucristo, ¿cómo podemos decir que son herejes?

Además, el hecho de condenar y calificar a una iglesia o a un siervo de Dios los cuales dan evidencia y confirmación de la autoridad y presencia de Dios, sin lugar a dudas es oponerse al Espíritu Santo. Para tal pecado, tenga en cuenta que no hay perdón.

Por lo tanto, hasta que no se demuestre lo contrario, no se puede condenar a nadie como "hereje". Asimismo, nunca debe cometer el pecado de resistir y oponerse al Espíritu Santo con sus palabras.

Si no cumple su obligación y responsabilidad asignada por Dios

Jamás debemos abandonar la tarea que se nos ha encomendado, bajo ninguna circunstancia o por propia opinión.

Jesús enfatizó la importancia del deber y la responsabilidad por medio de la parábola de los talentos (Mateo 25).

Había un hombre que iba a salir a un largo viaje. Mandó a llamar a sus siervos y les encargó su propiedad de acuerdo a la habilidad de cada uno. Al primer siervo dio cinco talentos, al segundo dos y al último uno. El primer y segundo siervo pusieron a trabajar el dinero recibido y cada uno ganó el doble. Sin embargo, el siervo que había recibido un talento se fue, cavó un hoyo en la tierra y escondió el dinero de su amo. Después de un largo tiempo, el amo regresó y arregló cuentas con cada uno. Los hombres que habían recibido cinco y dos talentos respectivamente presentaron el dinero duplicado que habían ganado. El amo los halagó mucho diciendo: "¡Bien hecho, buen y fiel siervo!" Luego el hombre que había recibido un talento fue despojado de lo que tenía porque no trabajó con el dinero y no ganó ningún interés, sino que por el contrario sólo lo guardó.

"El talento" en esta parábola se refiere a cualquier deber o responsabilidad dados por Dios. Usted puede ver que Dios se desagrada de aquel que solamente se aferra a su cargo o posición cumpliendo sólo con lo necesario. Aun así, muchas personas a nuestro alrededor abandonan sus responsabilidades y deberes dados por Dios. Debe recordar que los que abandonan sus responsabilidades a su antojo ciertamente serán juzgados en el Día del Juicio.

Despójese de toda hipocresía y circuncide su corazón

Jesús también hizo referencia a la importancia de la circuncisión del corazón cuando reprendió a los maestros de la ley y a los fariseos por su hipocresía. Los maestros de la ley y los fariseos aparentemente vivían una vida recta, pero sus corazones estaban tan llenos de maldad que Jesús los reprendió, diciendo que eran como sepulcros blanqueados.

> *"¡Ay de vosotros, escribas y fariseos, hipócritas! porque sois semejantes a sepulcros blanqueados, que por fuera, a la verdad, se muestran hermosos, mas por dentro están llenos de huesos de muertos y de toda inmundicia. Así también vosotros por fuera, a la verdad, os mostráis justos a los hombres, pero por dentro estáis llenos de hipocresía e iniquidad" (Mateo 23:27-28).*

Por la misma razón, de nada vale que se adorne o use la ropa más elegante si su corazón está lleno de celos, odio y arrogancia.

Más que cualquier otra cosa, Dios quiere que circuncidemos nuestros corazones y nos despojemos del mal.

Evangelizar, velar por los miembros de la iglesia y apoyar a la iglesia son cosas importantes. Sin embargo lo más importante es amar a Dios, caminar en la luz y asemejarnos cada vez más a Él. Debemos ser santos como Dios es santo, y ser perfectos como Dios es perfecto.

Por una parte, si usted muestra celo por Dios pero no proviene de un corazón verdadero y de una fe íntegra, siempre corre el riesgo de que éste se desvanezca y de este modo no pueda estar agradando a Dios. Por otra parte, si uno circuncida y purifica su corazón a fin de llegar a ser santo e íntegro, su corazón producirá un aroma que verdaderamente agrade a Dios.

Además, no importa cuánto pueda haber aprendido la Palabra de Dios y la conozca, lo más importante es que usted se decida a conducirse como es debido y a vivir de acuerdo a la Palabra de Dios. Siempre debe recordar la existencia del atormentador Infierno, así como la necesidad de purificar su corazón, y cuando el Señor Jesús regrese, usted será uno de los primeros en abrazarlo.

1 Corintios 2:13-14 nos dice: *"Lo cual también hablamos, no con palabras enseñadas por sabiduría humana, sino con las que enseña el Espíritu, acomodando lo espiritual a lo espiritual. Pero el hombre natural no percibe las cosas que son del Espíritu de Dios, porque para él son locura, y no las puede entender, porque se han de discernir espiritualmente".*

Sin las obras y la ayuda del Espíritu Santo que nos han sido reveladas por Dios, ¿cómo puede alguien que vive en la carne hablar de cosas espirituales y entenderlas?

Dios mismo ha revelado este testimonio del Infierno y por lo tanto, cada parte del mismo es verdadera. Los castigos en el Infierno son tan horrendos que en vez de exponer cada detalle, he escrito solamente unos cuántos casos de tormento. También, tenga presente que entre las muchas personas que han caído en el Hades están los que una vez fueron fieles y leales a Dios.

Si no tiene las cualidades o condiciones apropiadas, es decir, si deja de orar y circuncidar su corazón, con toda seguridad será tentado por Satanás para oponerse a Dios y al final será arrojado al Infierno.

Ruego en el nombre del Señor que llegue a entender cuán terrible y miserable lugar es el Infierno, se esfuerce por salvar todas las almas que pueda, ore fervientemente, predique el Evangelio diligentemente y siempre escudriñe su corazón a fin de alcanzar la perfecta salvación.

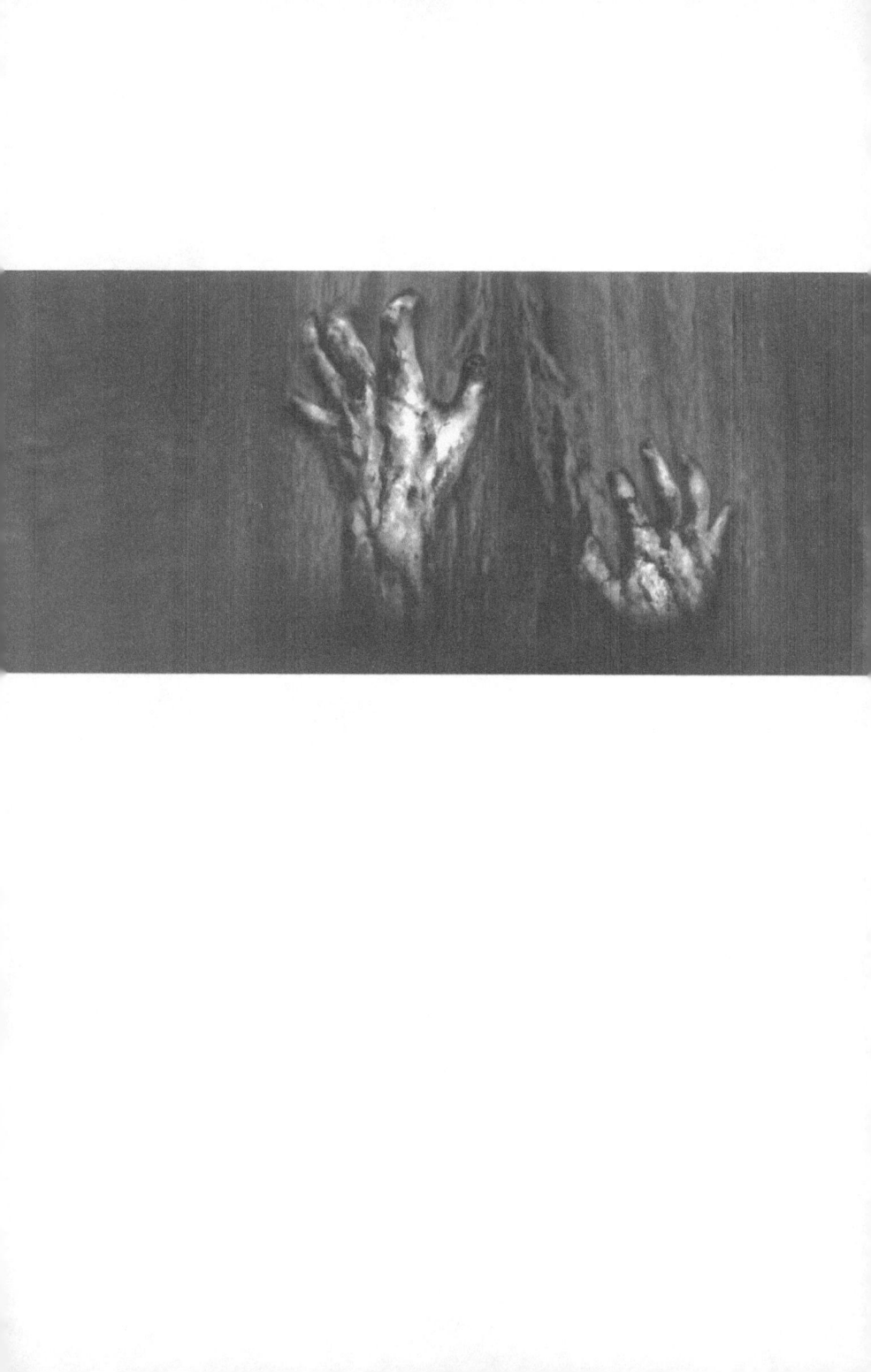

Capítulo 7

La salvación durante la Gran Tribulación

La Venida de Cristo y el Rapto

Los siete años de Gran Tribulación

El martirio durante la Gran Tribulación

La Segunda Venida de Cristo y el Milenio

Preparándose para ser la hermosa novia del Señor

"Y será predicado este evangelio del
reino en todo el mundo, para testimonio
a todas las naciones; y entonces vendrá el fin."
- Matero 24:14 -

"Y el tercer ángel los siguió, diciendo a gran voz: Si alguno
adora a la bestia y a su imagen, y recibe la marca en su frente
o en su mano, él también beberá del vino de la ira de Dios,
que ha sido vaciado puro en el cáliz de su ira; y será atormentado
con fuego y azufre delante de los santos ángeles y del Cordero;
y el humo de su tormento sube por los siglos de los siglos.
Y no tienen reposo de día ni de noche los que adoran a la
bestia y a su imagen, ni nadie que reciba la marca
de su nombre."
- Apocalipsis 14:9-11 -

Cuando prestamos bastante atención al desarrollo de la historia el día de hoy o a las profecías en la Biblia, nos damos cuenta que el tiempo está listo y cerca de la venida del Señor. En años recientes ha habido muchos terremotos e inundaciones cuya magnitud sólo podría presentarse cada cien años.

Además, frecuentes incendios de bosques a gran escala, huracanes y tifones, dejaron tras ellos los rastros de destrucción y una enorme cantidad de pérdidas y víctimas. En África y Asia, mucha gente sufrió y murió de hambre a causa de grandes sequías. La mayor parte del mundo ha sido testigo y ha experimentado un clima anormal causado por la reducción de la capa de ozono, "El Niño", "La Niña", y muchos otros.

Además, parece no haber fin a las guerras y conflictos entre los países, a los conflictos terroristas, y a otras formas de violencia. Atrocidades que sobrepasan el límite de los principios morales del hombre han llegado a ser un evento de cada día y han sido transmitidas y difundidas por los medios de comunicación.

Tales fenómenos ya fueron profetizados por Jesucristo hace dos mil años, cuando respondió a la pregunta de Sus discípulos: *"¿Qué señal habrá de tu venida, y del fin del siglo?"* (Mateo 24:3).

Por ejemplo, ¿qué tan ciertos son los siguientes versículos el día de hoy?

"Porque se levantará nación contra nación, y reino contra reino; y habrá pestes, y hambres, y terremotos en diferentes lugares. Y todo esto será principio de dolores" (Mateo 24:7-8).

Por lo tanto, si usted tiene una fe verdadera, debería saber que el día del retorno de Jesús está muy cerca, y debería mantenerse alerta como las cinco vírgenes prudentes (Mateo 25:1-13). Nunca debería estar descuidado como las otras cinco vírgenes que no prepararon el aceite suficiente para sus lámparas.

La Venida de Cristo y el Rapto

Hace casi dos mil años, nuestro Señor Jesús murió en la cruz, se levantó de los muertos al tercer día, y ascendió al Cielo delante de muchas personas. Hechos 1:11 nos dice: *"{Este} mismo Jesús, que ha sido tomado de vosotros al Cielo, así vendrá como le habéis visto ir al Cielo"*.

Jesús regresará en las nubes

Jesucristo ha abierto el camino de la salvación; Él fue al Cielo, está sentado a la diestra de Dios, y está preparando lugares para nosotros. En el momento en que Dios elija a los que han de estar con Él y cuando nuestros hogares en el Cielo estén preparados, Jesús regresará para llevarnos, *"para que donde yo estoy, vosotros también estéis"* (Juan 14:3).

¿Cómo se verá el retorno de Jesús?

1 Tesalonicenses 4:16-17 describe una escena en la cual Jesús descenderá del Cielo con innumerables huestes celestiales y

ángeles, junto con los muertos en Cristo.

"Porque el Señor mismo con voz de mando, con voz de arcángel, y con trompeta de Dios, descenderá del cielo; y los muertos en Cristo resucitarán primero. Luego nosotros los que vivimos, los que hayamos quedado, seremos arrebatados juntamente con ellos en las nubes para recibir al Señor en el aire, y así estaremos siempre con el Señor".

¡Qué maravilloso será para Jesucristo que regrese estando rodeado y escoltado por muchas huestes celestiales y ángeles en las nubes! En ese momento, todas las personas que son salvas por la fe "serán arrebatadas" en el aire y asistirán al Banquete de las Bodas de siete años.

Los que ya hayan muerto pero sean salvos en Cristo, resucitarán primero y serán arrebatados en el aire, seguidos por los que estén aún vivos para el momento del retorno de Jesús, cuyos cuerpos serán transformados en cuerpos inmortales.

El Rapto y el Banquete de las Bodas de siete años

"El Rapto" es un evento en el cual los creyentes serán levantados en el aire. ¿Dónde, entonces, está "el aire" mencionado en 1 Tesalonicenses 4?

De acuerdo a Efesios 2:2, que dice: *"En los cuales anduvisteis en otro tiempo, siguiendo la corriente de este mundo, conforme al príncipe de la potestad del aire, el espíritu que ahora opera en los hijos de desobediencia"*, "el aire" aquí se refiere al lugar donde los espíritus malignos tienen autoridad.

Pero este lugar para los espíritus malignos no se refiere al lugar de la Fiesta de las Bodas de siete años. Dios nuestro Padre preparó este lugar especial para el Banquete. La razón por la cual la Biblia llama a este lugar preparado el "aire", el cual es el mismo nombre del lugar de los espíritus malignos, es porque los dos lugares están en el mismo espacio.

Cuando usted vagamente mira al Cielo, pudiera parecerle difícil entender dónde está en realidad "el aire", en el cual nos reuniremos con Jesús y en donde se celebrará el Banquete de las Bodas de siete años. Respuestas a tales preguntas se encuentran en la serie titulada Discursos acerca de Génesis y en la serie de dos partes titulada El Cielo. Por favor consulte esos mensajes porque es vital para entender correctamente el mundo espiritual y creer en la Biblia tal como está.

¿Puede imaginarse cuán felices estarán los creyentes de Jesús, quienes han estado preparándose como Su novia, cuando finalmente se encuentren con su novio y asistan a su fiesta de bodas que ha de durar siete años?

"Gocémonos y alegrémonos y démosle gloria; porque han llegado las bodas del Cordero, y su esposa se ha preparado. Y a ella se le ha concedido que se vista de lino fino, limpio y resplandeciente; porque el lino fino es las acciones justas de los santos. Y el ángel me dijo: Escribe: Bienaventurados los que son llamados a la cena de las bodas del Cordero. Y me dijo: Estas son palabras verdaderas de Dios" (Apocalipsis 19:7-9).

Por una parte, aquellos creyentes que han sido levantados en el aire recibirán una recompensa por haber vencido al mundo. Por otra parte, aquellos que no hayan sido levantados sufrirán aflicciones de una magnitud inimaginable por los espíritus malignos que sean arrojados del aire a la tierra cuando Jesús regrese.

Los siete años de la Gran Tribulación

Mientras que los creyentes que han sido salvados disfrutan la fiesta de las bodas en el aire con Jesucristo por siete años, compartiendo gozo con Él, y planificando su feliz futuro, todos los que fueron dejados en la Tierra enfrentarán tribulaciones de un grado sin precedente por siete años, y desastres indescriptibles y aterradores asolarán a la humanidad.

La Tercera Guerra Mundial y la marca de la Bestia

Durante una guerra nuclear en una escala global que está por venir, es decir, una Tercera Guerra Mundial, una tercera parte de los árboles en la tierra serán quemados y una tercera parte de la humanidad perecerá. Durante la misma guerra, será difícil hallar aire que se pueda respirar y agua limpia a causa de la grave contaminación, y los precios de los alimentos y necesidades subirán rápidamente.

La marca de la bestia, "666", será presentada y todos estarán sometidos a recibirla o bien en la mano derecha o en la frente. Si una persona se rehúsa a recibir la marca, su identidad no será garantizada, y no podrá hacer ninguna clase de transacción o comprar siquiera las cosas necesarias para sobrevivir.

> *"Y hacía que a todos, pequeños y grandes, ricos y pobres, libres y esclavos, se les pusiese una marca en la mano derecha, o en la frente; y que ninguno pudiese comprar ni vender, sino el que tuviese la marca o el nombre de la bestia, o el número de su nombre. Aquí hay sabiduría. El que tiene entendimiento, cuente el número de la bestia, pues es número de hombre. Y su número es seiscientos sesenta y seis" (Apocalipsis 13:16-18).*

Entre las personas que se quedaron después de la Venida de Jesús y el Rapto hay personas que escucharon el Evangelio o asistieron a la iglesia, y ahora recuerdan la Palabra de Dios.

Están aquellos que deliberadamente abandonaron su fe, y otros que pensaron que creían en Dios pero aun así se quedaron. Si hubieran creído lo que dice la Biblia de todo corazón, habrían llevado buenas vidas en Cristo.

Por el contrario, siempre fueron tibios y dijeron: "Averiguaré si el Cielo y el Infierno existen o no solamente cuando muera", y de este modo no tuvieron la clase de fe que se requiere para la salvación.

Los castigos para las personas que reciben la marca de la Bestia

Tales personas se dan cuenta que cada palabra de la Biblia

es cierta tan sólo después de ser testigos del Rapto. Se lamentan y lloran amargamente. Presos de gran temor, se arrepienten por no haber vivido conforme a la voluntad de Dios y buscan desesperadamente una forma de salvación. Además, puesto que saben que recibir la marca de la bestia solamente los llevará al Infierno, hacen todo lo posible para evitar recibirla. Aun de esta manera, tratarán de probar y demostrar su fe.

"Y el tercer ángel los siguió, diciendo a gran voz: Si alguno adora a la bestia y a su imagen, y recibe la marca en su frente o en su mano, él también beberá del vino de la ira de Dios, que ha sido vaciado puro en el cáliz de su ira; y será atormentado con fuego y azufre delante de los santos ángeles y del Cordero; y el humo de su tormento sube por los siglos de los siglos. Y no tienen reposo de día ni de noche los que adoran a la bestia y a su imagen, ni nadie que reciba la marca de su nombre. Aquí está la paciencia de los santos, los que guardan los mandamientos de Dios y la fe de Jesús". (Apocalipsis 14:9-12)

Sin embargo, no será fácil rechazar la marca de la bestia, especialmente en un mundo en el cual los espíritus malignos habrán tomado completamente el control de todo. A la misma vez, los espíritus malignos también saben que estas personas recibirán salvación cuando se rehúsen a recibir la marca del número 666 y mueran como mártires. Así, los espíritus malignos no pueden rendirse y no lo harán fácilmente.

Durante los días de la iglesia cristiana primitiva hace dos

mil años, muchas autoridades del gobierno persiguieron a los cristianos crucificándolos, cortándoles la cabeza o abandonándolos como presa de leones. Si uno fuese perseguido y muerto en esta forma, muchas personas recibirían una muerte rápida durante los siete años de la Gran Tribulación. No obstante, los espíritus malignos durante este lapso de siete años no pondrán las cosas nada fáciles para la gente que se quede. Los espíritus malignos forzarán a la gente para que niegue a Jesús de cualquier forma posible haciendo uso de todo recurso que tengan en contra de la gente. Esto no significa que la gente pueda cometer suicidio para evitar el tormento, porque el suicidio sólo conduce al Infierno.

Los que llegarán a ser mártires

Ya he mencionado algunos de los crueles métodos de tortura usados por los espíritus malignos. Durante la Gran Tribulación, los métodos de tortura, más allá de la imaginación, serán usados libre y abiertamente. Además, ya que el tormento es casi imposible de soportar, solamente un pequeño grupo en realidad recibirá salvación durante este período.

Por lo tanto, todos nosotros debemos estar espiritualmente despiertos en todo tiempo y poseer la clase de fe que nos levantará en el aire para el momento de la Venida de Cristo.

Mientras estaba orando, Dios me mostró una visión en la cual las personas que fueron dejadas después del Rapto estaban recibiendo toda clase de torturas. Vi que la mayoría de la gente no podía soportarlas y sucumbían a los espíritus malignos al final.

La tortura varía, desde sacar la piel de las personas, romper y despedazar sus articulaciones, cortar en pedazos los dedos de manos y pies y echar aceite muy caliente sobre ellos. Algunas personas que pueden soportar su propio tormento no pueden soportar ver cómo sufren sus ancianos padres o pequeños hijos y, también, se rinden a la marca del 666.

Sin embargo, hay un pequeño número de personas justas que vencen todas las tentaciones y tormentos. Estas personas reciben salvación. A pesar que es únicamente la salvación y entran al Paraíso que pertenece al Cielo, están muy agradecidos y alegres de no caer en el Infierno.

Por eso estamos obligados a divulgar este mensaje del Infierno por todo el mundo. Aunque parezca que la gente no estuviera prestando atención ahora, si lo recuerdan durante la Gran Tribulación, les preparará el camino de su salvación.

Algunas personas dicen que morirán como mártires para recibir salvación si el Rapto realmente ocurre y no son arrebatados.

No obstante, si no pudieron tener fe en este tiempo de paz, ¿de qué manera podrán defender su fe en medio de ese brutal tormento? Ni siquiera podemos predecir lo que nos sucederá en los siguientes diez minutos. Si mueren incluso antes de recibir una oportunidad para morir como mártires, solamente les espera el Infierno.

El martirio durante la Gran Tribulación

Para ayudarle a entender el tormento de la Gran Tribulación más fácilmente y permitirle que permanezca espiritualmente despierto a fin de que pueda evitarlo, permítame dar más explicación con el ejemplo de un alma.

Desde que esta mujer recibió la abundante gracia de Dios, pudo ver y oír cosas gloriosas, e incluso ocultas acerca de Dios. Pero su corazón estaba lleno de mal, y no tenía mucha fe.

Ya que tenía dones de parte de Dios, llevó a cabo importantes tareas, desempeñó roles importantes en la expansión del Reino de Dios, y con frecuencia agradó a Dios con sus obras. Es fácil que algunas personas imaginen y digan: "¡Estas personas con importantes responsabilidades en la iglesia deben ser hombres y mujeres de gran fe!"

Sin embargo, esto no es necesariamente cierto. Desde la perspectiva de Dios, hay bastantes creyentes cuya fe en realidad es todo; menos "grande". Dios no mide la fe carnal sino la fe espiritual.

Dios quiere fe espiritual

Examinemos brevemente la "fe espiritual" a través del caso de la liberación de los israelitas al salir de Egipto. Ellos fueron testigos y experimentaron las Diez Plagas de Dios. Vieron con sus propios ojos cómo el Mar Rojo se dividió en dos y a Faraón y su ejército ahogarse en él. Experimentaron la guía de Dios por medio de la columna de nube en el día y la columna de fuego en la noche. Cada día comieron el maná del Cielo, oyeron la voz de

Dios sentado en las nubes, y vieron Sus obras con fuego. Bebieron el agua de una roca después que Moisés la golpeó, vieron cómo el agua amarga de Mara se volvió dulce. Aunque fueron testigos repetidamente de las obras y señales del Dios vivo, su fe no era agradable ni aceptable a Dios. De este modo, al final no pudieron entrar a la Tierra Prometida de Canaán (Números 20:12).

Por una parte, la fe de alguien sin acción, sin importar cuánto conozca la Palabra de Dios y haya testificado y oído Sus obras y milagros, no es verdadera fe. Por otra parte, si llegamos a poseer fe espiritual, no dejaremos de aprender la Palabra de Dios; llegaremos a ser obedientes a la Palabra, circuncidaremos nuestros corazones, y evitaremos toda clase de mal. El hecho de que tengamos "gran" fe o "poca" fe se determina por el nivel al cual seamos obedientes a la Palabra de Dios, nos conduzcamos y vivamos de acuerdo a ella, y reflejemos el corazón de Dios.

Repetida desobediencia en arrogancia

En este aspecto, la mujer tenía poca fe. Trató de circuncidar su corazón por un corto lapso de tiempo pero no pudo abandonar completamente el mal. Además, ya que estaba en el cargo de predicar la Palabra de Dios, llegó a ser mucho más arrogante.

La mujer pensó que tenía una verdadera y gran fe. Llegó al extremo de pensar que la voluntad de Dios no podía cumplirse o llevarse a cabo sin su presencia o ayuda. Cada vez más, en vez de dar la gloria a Dios por los dones recibidos de parte de Él, quería atribuirse el mérito ella misma. Además, usó el cargo dado por Dios a su disposición a fin de satisfacer los deseos de su naturaleza pecaminosa.

Siguió desobedeciendo a Dios muchas veces. A pesar que sabía que era la voluntad de Dios que ella fuera en una dirección, ella iba por otro lado. De la misma manera en que Dios abandonó a Saúl, el primer rey de Israel, a causa de su desobediencia (1 Samuel 15:22-23), aunque las personas fueron una vez usadas por Dios como herramientas de Dios para cumplir y expandir el Reino de Dios, la repetida desobediencia sólo instigará que Dios aparte Su rostro de ellos.

Puesto que esta mujer conocía la Palabra, ella estaba consciente de sus pecados y se arrepentía una y otra vez. Sin embargo, su oración de arrepentimiento solamente era con sus labios, no de corazón. Terminó cometiendo los mismos pecados repetidamente, de ese modo levantando más el muro de pecados entre Dios y ella.

2 Pedro 2:22 nos dice: *"Pero les ha acontecido lo del verdadero proverbio: El perro vuelve a su vómito, y la puerca lavada a revolcarse en el cieno"*. Después de arrepentirse de sus pecados, ella cometía los mismos pecados vez tras vez.

Al final, ya que fue atrapada en su propia arrogancia, codicia, e innumerables pecados, Dios apartó Su rostro de ella y con el tiempo se convirtió en una herramienta de Satanás que se opuso a Dios.

Cuando llega la última oportunidad de arrepentirse

Por lo general, los que hablan en contra, se oponen o blasfeman al Espíritu Santo, no pueden ser perdonados. Nunca más recibirán una oportunidad de arrepentirse, y terminarán en el Hades.

Sin embargo, hay algo diferente acerca de esta mujer. A pesar de todos sus pecados y maldad que disgustó a Dios una y otra vez, Él aún ha dejado una última oportunidad para que se arrepienta. La razón de esto es porque ella fue una vez un instrumento valioso de Dios para Su Reino. Aun cuando la mujer abandonó su responsabilidad y la promesa de la gloria y recompensa del Cielo, ya que había agradado mucho a Dios, Él le está dando su única y última oportunidad.

Todavía se opone a Dios y el Espíritu Santo dentro de ella se ha apagado. Sin embargo, por medio de la gracia especial de Dios, la mujer tiene una oportunidad final para arrepentirse y recibir salvación durante la Gran Tribulación por medio del martirio.

Sus pensamientos aún están atrapados bajo el control de Satanás, pero después del Rapto, entrará en razón. Ya que conoce la Palabra de Dios muy bien, también estará consciente del camino que viene por delante. Después de darse cuenta que la única manera de recibir salvación es por medio de la muerte como mártir, se arrepentirá completamente, reunirá a los cristianos que se quedaron, adorará, alabará, y orará con ellos mientras se prepara para el martirio.

Morir como un mártir resulta en ser salvo

Cuando el tiempo llegue, se rehusará a recibir la marca del 666 y posteriormente será llevada para ser torturada por aquellos que están controlados por Satanás. Le sacan la piel capa por capa.

Incluso queman las partes más suaves y privadas de su cuerpo con fuego. Idearán un método para su tortura que sea el más doloroso y que dure la mayor cantidad de tiempo. Pronto el cuarto se llena con el olor a carne quemada. Su cuerpo está ensangrentado desde la cabeza hasta los pies, su cabeza está mirando hacia abajo, y su rostro tiene un color oscuro y azul, teniendo la apariencia de un cadáver.

Si ella puede soportar este tormento hasta el final, a pesar de sus muchos pecados y maldad en el pasado, recibirá al menos la salvación y entrará al Paraíso. En el Paraíso, en los alrededores del Cielo y los lugares más alejados del trono de Dios, la mujer se lamentará y llorará por sus obras en esta vida. Por supuesto, estará agradecida y gozosa por haber sido salva. Sin embargo, durante todo el tiempo por venir, se lamentará y anhelará la Nueva Jerusalén, diciendo: "Si tan sólo hubiera abandonado el mal y llevado a cabo mis tareas y obligaciones para con Dios de todo corazón, estaría en un lugar más glorioso dentro de la Nueva Jerusalén". Al ver a personas que conoció en esta vida en la Nueva Jerusalén, siempre se sentirá apenada y avergonzada.

Si ella recibe la marca del 666

Si no soporta la tortura y recibe la marca de la bestia, antes del Milenio, será arrojada en el Hades y castigada siendo crucificada en una cruz en la parte de atrás a la derecha de Judas Iscariote. Sus castigos en el Hades son la repetición de la tortura que recibió durante la Gran Tribulación. Durante mil años, la piel de su cuerpo será arrancada y quemada con fuego constantemente.

Los mensajeros del Infierno y todos los que hicieron el mal al seguirla torturarán a esta mujer. Ellos también son castigados de acuerdo a sus malas obras y descargan su dolor y enojo en ella.

Son castigados de esta manera en el Hades hasta el fin del Milenio. Después del Juicio, aquellas almas irán al Infierno que arde con fuego y azufre, donde sólo les esperan castigos más severos.

La Segunda Venida de Cristo y el Milenio

Como mencioné anteriormente, Jesucristo regresará en el aire y los que son tomados disfrutarán siete años de un Banquete de las Bodas con Él, mientras la Gran Tribulación se pone en marcha por los espíritus malignos que han sido arrojados del aire.

Entonces, Jesucristo regresará a la Tierra y el Milenio comenzará. Los espíritus malignos son confinados en el Abismo durante este tiempo. Los que asistieron al Banquete de las Bodas de siete años y los que murieron como mártires durante la Gran Tribulación gobiernan sobre la Tierra y comparten amor con Jesucristo por mil años.

"Bienaventurado y santo el que tiene parte en la primera resurrección; la segunda muerte no tiene potestad sobre éstos, sino que serán sacerdotes de Dios y de Cristo, y reinarán con él mil años" (Apocalipsis 20:6).

Un pequeño número de personas carnales que sobrevivieron en la Gran Tribulación también vivirán en la Tierra durante el

Milenio. Sin embargo, los que ya murieron sin recibir salvación seguirán castigados en el Hades.

El Reino Milenial

Cuando el Milenio empiece, la gente disfrutará una vida pacífica como en los días del Huerto del Edén, porque no habrá espíritus malignos. Jesucristo y las personas salvas y espirituales vivirán en una ciudad que se asemeja a castillos de reyes separados de la gente carnal. Las personas espirituales viven en la ciudad y las personas naturales que sobrevivieron a la Gran Tribulación viven fuera de esta ciudad.

Antes del Milenio, Jesucristo purificará la Tierra; purificará el aire contaminado, y renovará los árboles, plantas, montañas y ríos, creando así un hermoso medio ambiente.

La gente carnal se esfuerza por procrear tan seguido y cuantas veces puedan porque solamente hay unos cuántos que quedan de ellos. El aire limpio y la ausencia de los espíritus malignos no dejan lugar para la enfermedad y el mal. La injusticia y el mal en el corazón de la gente no se revelan durante este tiempo porque los espíritus malignos que ocasionan el mal están confinados en el Abismo.

Como en los días antes de Noé, la gente vivirá cientos de años. La Tierra pronto se llena de muchísimas personas por mil años. La gente no come carne sino fruta porque no hay destrucción de la vida en absoluto.

Además, les tomará demasiado tiempo para que alcancen el nivel de avance científico de hoy porque una gran cantidad de la civilización será destruida en guerras durante la Gran Tribulación. Con el paso del tiempo, el nivel de su civilización podría llegar al de hoy ya que su sabiduría y conocimiento aumentan.

Todos Viviremos Juntos

Las personas espirituales que viven con Jesucristo en la Tierra no tienen necesidad de comer como lo hace la gente carnal, porque sus cuerpos ya han sido transformados en cuerpos espirituales resucitados. Usualmente consumen el aroma de las flores y cosas parecidas, pero si desean, pueden comer el mismo alimento de la gente carnal. Sin embargo, la gente espiritual no disfruta el alimento físico e incluso si lo comen, no evacuan como las personas carnales. Al igual que el Jesús resucitado se sintió satisfecho después que comió un trozo de pescado, las personas con cuerpos espirituales eliminan sus alimentos mediante la respiración.

La gente espiritual también predica y testifica de Jesucristo a la gente de carne y hueso, de modo que al final del Milenio, cuando los espíritus malignos sean liberados del Abismo por corto tiempo, la gente carnal no será tentada. El momento de esto es antes del Juicio, así que Dios no ha confinado a los espíritus malignos permanentemente en el Abismo sino sólo por mil años (Apocalipsis 20:3).

Al final del Milenio

Cuando el Milenio termine, los espíritus malignos que han

sido confinados en el Abismo por mil años serán liberados durante poco tiempo. Empezarán a tentar y engañar a la gente carnal que ha estado viviendo pacíficamente. La mayor parte de estas personas son tentadas y engañadas sin importar cuántas personas espirituales les enseñaron en contra de esto. Aunque las personas espirituales han advertido detalladamente acerca de las cosas por venir, la gente carnal, sin embargo, será tentada y planificará enfrentar y declarar la guerra contra la gente espiritual.

"Cuando los mil años se cumplan, Satanás será suelto de su prisión, y saldrá a engañar a las naciones que están en los cuatro ángulos de la tierra, a Gog y a Magog, a fin de reunirlos para la batalla; el número de los cuales es como la arena del mar. Y subieron sobre la anchura de la tierra, y rodearon el campamento de los santos y la ciudad amada; y de Dios descendió fuego del cielo, y los consumió" (Apocalipsis 20:7-9).

Sin embargo, Dios destruirá con fuego a las personas carnales que declararon la Guerra, y arrojará a los espíritus malignos que han sido liberados por corto tiempo de regreso al Abismo después del Juicio del Gran Trono Blanco.

Al final, la gente carnal que se incrementa en número durante el Milenio también será juzgada de acuerdo a la justicia de Dios. Por una parte, las personas que no recibieron salvación, entre quienes están los que sobrevivieron a los Siete Años de la Gran Tribulación, serán arrojadas al Infierno. Por otra parte, los que recibieron salvación entrarán al Cielo y vivirán en diferentes lugares de acuerdo de la medida de su fe, es decir, a la Nueva Jerusalén, Paraíso, etcétera.

Después del Juicio del Gran Trono Blanco, el mundo espiritual se dividirá en el Cielo y el Infierno. Sobre esto, explicaré más en el siguiente capítulo.

Preparándose para ser la hermosa novia del Señor

Para evitar ser dejado a sufrir en la Gran Tribulación, tiene que prepararse como una hermosa novia de Jesucristo para recibirle en Su Venida.

En Mateo 25:1-13 está la parábola de las diez vírgenes, la cual sirve como una gran lección para todos los creyentes. Aunque usted pueda confesar su fe en Dios, no podrá salir a recibir a su novio Jesucristo si no tiene suficiente aceite preparado para su lámpara. Cinco vírgenes prepararon su aceite para que puedan salir a recibir a su novio y entrar al Banquete de las Bodas. Las otras cinco vírgenes no prepararon aceite y no pudieron participar del banquete.

Entonces, ¿cómo podemos prepararnos al igual que las cinco vírgenes prudentes, llegar a ser la novia del Señor, y evitar caer en la Gran Tribulación sino que por el contrario participemos en el Banquete de las Bodas?

Ore fervientemente y manténgase alerta

Aunque sea un nuevo creyente y tenga una fe débil, en tanto que se esfuerza para circuncidar su corazón, Dios le guardará seguro aun en medio de fuertes pruebas. No importa cuán difíciles sean las circunstancias, Dios lo cubrirá con un manto de vida y hará que venza cualquier dificultad fácilmente.

Sin embargo, Dios no puede proteger aun a los que puedan haber sido creyentes por un largo tiempo, hayan llevado a cabo sus responsabilidades dadas por Dios, y conozcan mucho de la Palabra de Dios, si abandonan su oración, dejan de valorar la purificación, y dejan de circuncidar sus corazones.

Cuando usted enfrenta dificultades, debe ser capaz de discernir la voz del Espíritu Santo para vencerlas. Pero si no ora, ¿cómo escuchará la voz del Espíritu Santo y llevará una vida victoriosa? Ya que no está completamente lleno del Espíritu Santo, cada vez más confía en sus propios pensamientos y tropieza vez tras vez, al ser tentado por Satanás.

Además, ahora que nos acercamos al fin de los tiempos, los espíritus malignos rondan como leones rugientes buscando a quién devorar porque saben que su tiempo está cerca. Con frecuencia vemos a un estudiante perezoso estudiar y perder el sueño en días previos a sus exámenes. De modo similar, si usted es un creyente que está consciente que estamos viviendo en los días cercanos al fin de los tiempos, debe mantenerse alerta y prepararse como una hermosa novia del Señor.

Despójense de toda maldad y aseméjense al Señor

¿Qué clases de personas se mantienen alerta? Los que siempre oran, están llenos del Espíritu Santo, creen en la Palabra de Dios, y viven de acuerdo a Su Palabra.

Cuando usted se mantiene alerta en todo tiempo, siempre estará en comunicación con Dios de modo que no pueda ser tentado por los malos espíritus. Además, puede vencer fácilmente cualquier dificultad porque el Espíritu Santo hace que se de cuenta de cosas que van a pasar antes que sucedan, guía su camino y le permite que entienda la Palabra de verdad.

No obstante, los que no se mantienen alerta no pueden escuchar la voz del Espíritu Santo, así que son fácilmente tentados por Satanás, y van al camino de la muerte. Mantenerse alerta es circuncidar su corazón, conducirse y vivir de acuerdo a la Palabra de Dios, y llegar a estar santificado.

Apocalipsis 22:14 nos dice: *"Bienaventurados los que lavan sus ropas, para tener derecho al árbol de la vida, y para entrar por las puertas en la ciudad"*. En este pasaje, "ropas" se refiere al atuendo personal. Espiritualmente, "ropas" se refiere a su corazón y a su conducta. "Lavar sus ropas" simboliza despojarse del mal y seguir la Palabra de Dios para llegar a ser espiritual y ser más y más como Jesucristo. Los que están santificados de esta forma ganan el derecho de entrar por las puertas del Cielo y disfrutar la vida eterna.

Las personas que lavan sus ropas con fe

¿Cómo podemos lavar nuestras ropas completamente? Primero debemos circuncidar el corazón con la Palabra de verdad y la oración ferviente. En otras palabras, debemos deshacernos de toda clase de falsedad y maldad del corazón y llenarlo sólo con la verdad. Del mismo modo en que usted saca lo sucio de su ropa en agua limpia, debería sacar los sucios pecados, el desorden y el mal en su corazón, con la Palabra de Dios, el agua de vida, y ponerse las ropas de la verdad y tener un corazón que se parezca al corazón de Jesucristo. Dios bendecirá a cualquiera que haya mostrado fe en obras y circuncidado su corazón.

Apocalipsis 3:5 nos dice: *"El que venciere será vestido de vestiduras blancas; y no borraré su nombre del libro de la vida, y confesaré su nombre delante de mi Padre, y delante de sus ángeles"*. Las personas que vencen el mundo con la fe y caminan en la verdad, disfrutarán vida eterna en el Cielo porque poseen el corazón de la verdad y ningún mal se puede encontrar en ellas.

Por el contrario, la gente que habita en la oscuridad no tiene nada que ver con Dios sin importar cuánto tiempo hayan sido cristianos, porque con seguridad *"que tienes nombre de que vives, y {estás} muerto"* (Apocalipsis 3:1). Por lo tanto, siempre ponga su esperanza en Dios quien no nos juzga por nuestra apariencia sino sólo examina nuestros corazones y obras. También, siempre ore y obedezca la Palabra de Dios de manera que pueda alcanzar una perfecta salvación.

Capítulo 8

Castigos en el Infierno después del Gran Juicio

Las almas no salvas caen en el Infierno después del Juicio

El Lago de Fuego y el lago que arde con azufre

Algunos permanecen en el Hades incluso después del Juicio

Los espíritus malignos serán confinados en el Abismo

¿Dónde terminarán los demonios?

"... donde el gusano de ellos no muere, y el fuego nunca se apaga. Porque todos serán salados con fuego, y todo sacrificio será salado con sal."
- Marcos 9:48-49 -

"Y el diablo que los engañaba fue lanzado en el lago de fuego y azufre, donde estaban la bestia y el falso profeta; y serán atormentados día y noche por los siglos de los siglos."
- Apocalpsis 20:10 -

Con la Venida de Cristo empieza el Milenio en esta Tierra y después de eso sigue el Juicio del Gran Trono Blanco. El Juicio, el cual determinará el Cielo o Infierno, y las recompensas o castigos, juzgará a todos de acuerdo a lo que han hecho en esta vida. Por consiguiente, algunos disfrutarán la eterna felicidad en el Cielo y otros serán castigados por siempre en el Infierno. Analicemos en detalle el Juicio del Gran Trono Blanco, por medio del cual se decide el Cielo o el Infierno, y qué clase de lugar es el Infierno.

Las almas no salvas caen en el Infierno después del Juicio

En julio de 1982, mientras estaba orando y alistándome para el comienzo de mi ministerio, llegué a conocer acerca del Juicio del Gran Trono Blanco detalladamente. Dios me mostró una escena en la cual estaba sentado en Su trono, al Señor Jesucristo y Moisés parados al frente del Trono, y a aquellos que desempeñaban el papel de jurado. Aunque Dios juzga con precisión e imparcialidad que no se comparan con las de ningún juez en el mundo, Él tomará decisiones con Jesucristo como un abogado con amor, con Moisés como un fiscal de la Ley, y con las personas como miembros del jurado.

Los castigos del Infierno se deciden en el Juicio

Apocalipsis 20:11-15 nos dice cómo Dios juzga con exactitud y justicia. El Juicio se lleva a cabo con el Libro de la Vida en el cual están registrados los nombres de los salvos y los libros en los cuales están registradas todas las obras de la gente.

"Y vi un gran trono blanco y al que estaba sentado en él, de delante del cual huyeron la tierra y el cielo, y ningún lugar se encontró para ellos. Y vi a los muertos, grandes y pequeños, de pie ante Dios; y los libros fueron abiertos, y otro libro fue abierto, el cual es el libro de la vida; y fueron juzgados los muertos por las cosas que estaban escritas en los libros, según sus obras. Y el mar entregó los muertos que había en él; y la muerte y el Hades entregaron los muertos que había en ellos; y fueron juzgados cada uno según sus obras. Y la muerte y el Hades fueron lanzados al lago de fuego. Esta es la muerte segunda. Y el que no se halló inscrito en el libro de la vida fue lanzado al lago de fuego".

"Los muertos" en este versículo se refiere a todos los que no han aceptado a Cristo como su Salvador o han tenido una fe muerta. Cuando llegue el tiempo de la selección de Dios, "los muertos" resucitarán y estarán de pie delante del Trono de Dios para ser juzgados. El Libro de la Vida se abre al frente del Trono de Dios.

Además del Libro de la Vida, en el cual están registrados los nombres de todas las personas salvas, hay otros libros en los cuales están registradas las obras de los muertos. Los ángeles registran todo lo que hacemos, decimos, y pensamos, es decir, maldecir a otros, golpear a alguien, estallar en cólera, hacer el bien, y cosas así. De igual modo en que usted puede guardar claros y reales registros de ciertos eventos y diálogos por largo tiempo con una videocámara o grabadoras de varios tipos, Dios el Todopoderoso también conserva cada escena de la vida de uno en la Tierra.

De este modo, Dios juzgará con justicia en el Día del Juicio de acuerdo a los registros en estos libros. Aquellos que no han sido salvos serán juzgados de acuerdo a sus malas obras, y recibirán diferentes tipos de castigos de acuerdo a la gravedad de sus pecados, eternamente en el Infierno.

El Lago de Fuego o el lago que arde con azufre

La parte que dice "el mar entregó los muertos que había en él" no significa que el mar entregó a los que se habían ahogado en él. "El mar" aquí espiritualmente se refiere al mundo. Esto significa que aquellos que vivieron en el mundo y retornaron al polvo resucitarán a fin de ser juzgados delante de Dios.

Entonces, ¿qué significa "la muerte y el Hades entregaron a los muertos que había en ellos?" Eso significa que aquellos que han sufrido en el Hades también resucitarán y estarán delante de Dios para ser juzgados. Después de ser juzgados por Dios, la mayor parte de los que han sufrido en el Hades serán arrojados en el lago de fuego o que arde con azufre, de acuerdo a la gravedad de sus pecados porque, como mencioné anteriormente, los castigos del Hades se dan hasta que ocurra el Juicio del Gran Trono Blanco.

"Pero los cobardes e incrédulos, los abominables y

homicidas, los fornicarios y hechiceros, los idólatras
y todos los mentirosos tendrán su parte en el lago que
arde con fuego y azufre, que es la muerte segunda"
(Apocalipsis 21:8).

Los castigos en el lago de fuego no se pueden comparar de modo alguno con los del Hades. Es donde *"el gusano de ellos no muere, y el fuego nunca se apaga"* y *"{todos} serán salados con fuego"* (Marcos 9:48-49). Además, el lago que arde con azufre es siete veces más caliente que el lago de fuego.

Hasta el Día del Juicio, la gente es desgarrada y despedazada por insectos y bestias, torturada por los mensajeros del Infierno, o sufren de varias clases de castigos en el Hades el cual sirve como un lugar de espera con destino al Infierno. Después del Juicio, solamente permanecerá el dolor del lago de fuego y azufre ardiente.

La agonía en el lago de fuego o que arde con azufre

Cuando compartí los mensajes de estas horribles y espantosas escenas del Hades, muchos de los miembros de mi iglesia se encontraron que no podían retener las lágrimas o se estremecían de lamento por aquellos que están en ese lugar tan horrible. Sin embargo, los sufrimientos de los castigos en el lago de fuego o del lago que arde con azufre son mucho más severos que cualquier castigo en el Hades. ¿Puede imaginarse la magnitud del tormento siquiera un poco? Aunque tratásemos, para los que todavía estamos en la carne hay un límite para entender conceptos espirituales.

De modo similar, ¿cómo podemos entender la gloria y belleza del Cielo al máximo grado? La palabra "eternidad" misma no es algo que conozcamos bastante bien, y estamos obligados solamente a hacer suposiciones. Aunque tratemos de imaginar la vida en el Cielo basados en "gozo", "felicidad", "encanto", "belleza" y términos parecidos, no es comparable a la vida real que viviremos algún día en el Cielo. Cuando en realidad vaya al Cielo, vea todo con sus propios ojos, y experimente la vida, se quedará con la boca abierta de sorpresa y no sabrá qué decir. Asimismo, a menos que en realidad experimentemos el tormento del Infierno, nunca podremos entender completamente la magnitud y cantidad de sufrimiento que está más allá de los límites de este mundo.

Los que caen en el Lago de Fuego o lago que arde con azufre

Aunque trataré de hacer lo mejor que pueda, por favor tenga en mente que el Infierno no es un lugar que pueda ser descrito suficientemente con palabras de este mundo, y aunque logre explicarlo con lo mejor de mi habilidad, mi descripción representará menos de la millonésima parte de la espantosa realidad del Infierno. Además, cuando se acuerdan que la duración del tormento no tiene límite sino que durará por siempre, las almas condenadas son obligadas a sufrir mucho más.

Después del Juicio en el Gran Trono Blanco, los que recibieron el primer y segundo nivel de castigo en el Hades serán arrojados al lago de fuego. Los que recibieron el tercer y cuarto nivel de castigo serán arrojados al lago que arde con azufre. Las almas que están actualmente en el Hades saben que el Juicio está todavía por venir, y saben dónde estarán después del Juicio. A pesar que son desgarrados por insectos y por los mensajeros del Infierno, estas almas pueden ver el lago de fuego y el lago que arde con azufre estando en el Infierno, desde cierta distancia, y están sumamente conscientes que serán castigados allí.

Por consiguiente, las almas en el Hades no sólo sufren de su presente dolor, sino también un tormento mental por el temor de las cosas que vienen después del Juicio.

El lamento de un alma en el Hades

Mientras estaba orando por revelaciones acerca del Infierno, el Espíritu Santo de Dios me permitió escuchar un grito de lamento de un alma en el Hades. Cuando escribí cada palabra de esta lamentación, intenté sentir siquiera un poco del temor y desesperación consumiendo a esta alma.

¿Cómo puede ser esto una figura de un ser humano?
Así no es como me veía durante mi vida en la Tierra.
¡Mi apariencia aquí es horrorosa y repugnante!

En este dolor y desesperación sin fin,
¿Cómo puedo ser libre?
¿Qué puedo hacer para escapar de esto?
¿Puedo morir? ¿Qué puedo hacer?

¿Acaso puedo tener algún descanso siquiera por un momento
en medio de este castigo eterno?
¿Hay alguna forma de acortar esta vida de condenación
de este insoportable dolor?

Lastimo mi cuerpo para matarme, pero no puedo morir.

No hay fin, simplemente no hay fin...
No hay fin al tormento de mi alma.
No hay fin para mi vida que ha de durar por siempre.
¿Cómo puedo describir esto con palabras?
Pronto seré arrojado
al grande e inmensamente profundo lago de fuego.
¿Cómo he de soportarlo?

¡El tormento aquí es insoportable en la condición que está!
El inmenso lago de fuego es
tan espantoso, tan profundo, y tan caliente.
¿Cómo he de soportarlo?
¿Cómo puedo escapar de él?
¿Cómo es posible escapar de este tormento?

Si sólo pudiese vivir....
Si sólo hubiera una forma para que yo viva...
Si sólo pudiese ser liberado...
Al menos pudiera buscar una salida,
pero no puedo verla.

Aquí sólo hay oscuridad, desesperación, y dolor,
y solamente hay frustración y penurias para mí.
¿Cómo he de soportar este tormento?
Si tan sólo Él abriese la puerta para la vida...
Si tan sólo pudiese ver una salida a esto...

¡Por favor sálvame! ¡Por favor sálvame!
Es demasiado aterrador y difícil para que lo soporte.
¡Por favor sálvame! ¡Por favor sálvame!
Mis días hasta ahora han sido angustiosos y dolorosos.
¿Cómo he de ir a ese lago ardiente?
¡Por favor sálvame!
¡Por favor mírame!
¡Por favor sálvame!
¡Por favor ten misericordia de mi!
¡Por favor sálvame!
¡Por favor sálvame!

Una vez que se es arrojado en el Hades

Después del fin de la vida en la Tierra, nadie recibe "una segunda oportunidad"; sólo espera el hecho de soportar la carga de cada una de sus obras.

Cuando la gente escucha de la existencia del Cielo y del Infierno, algunos dicen: "Lo averiguaré después que muera". Sin embargo, una vez que alguien muere, es demasiado tarde. Puesto que no hay vuelta atrás una vez que alguien muere, usted tiene que saber esto a ciencia cierta *antes* de que muera.

Una vez que se es arrojado en el Hades, no importa cuánto uno se lamente, se arrepienta y ruegue a Dios. No se puede escapar del inevitable y horrible castigo. No hay esperanza para el futuro sino sólo tormento y desesperación interminables.

El alma mencionada que se lamenta sabe muy bien que no hay forma o posibilidad de salvación. Sin embargo, está clamando a Dios "por si acaso". El alma está suplicando misericordia y salvación. Este grito de lamento del alma se convierte en un llanto desgarrador y agudo, y este grito sólo se oye alrededor de la extensión del Infierno, y desaparece. Por supuesto, no hay ninguna respuesta.

No obstante, el arrepentimiento de la gente en el Hades no es genuino y sincero, aunque aparentemente se arrepienten en una forma lastimosa y lamentable. Puesto que la maldad en sus corazones aún permanece y saben que sus gritos son inútiles, estas almas emiten más mal y maldicen a Dios. Esto evidentemente nos muestra en primer lugar por qué tales individuos no pudieron entrar al Cielo.

El Lago de Fuego y el lago que arde con azufre

En el Hades, las almas pueden al menos implorar, reprochar y lamentarse, preguntándose: "¿Por qué estoy aquí?". También tienen miedo del lago y piensan en formas de escapar del tormento, pensando: "Ahora, ¿cómo puedo escapar del mensajero del Infierno?"

Una vez arrojados en el lago de fuego, sin embargo, no pueden pensar en nada más a causa del agonizante e interminable dolor. Los castigos en el Hades eran relativamente suaves comparados con los del lago de fuego. Los castigos en el lago de fuego son inimaginablemente dolorosos. Son tan dolorosos que no podemos entenderlos o visualizarlos con nuestras limitadas capacidades.

Ponga sal en una sartén caliente si quiere imaginar siquiera un poquito del tormento. Verá la sal reventando, y esto se parece a la escena en el lago de fuego: las almas son como la sal que revienta.

También imagínese que está en una piscina de agua hirviendo a 100 grados Centígrados. El lago de fuego es mucho más caliente que el agua hirviendo, y el lago que arde con azufre es siete veces más caliente que el lago de fuego. Una vez que se es arrojado allí, no hay forma de escapar y se sufrirá por siempre jamás. El primer, segundo, tercer y cuarto nivel de castigos en el Hades antes del Juicio es más fácil de soportar.

Entonces, ¿por qué Dios les permite sufrir en el Hades por miles de años antes de arrojarlos al lago de fuego o al lago que arde con azufre? Las personas no salvas reflexionarán. Dios quiere que descubran por qué razones fueron destinados a un lugar tan miserable como el Infierno, y se arrepientan completamente de los pecados del pasado. Sin embargo, es muy difícil encontrar personas que se arrepientan, y por el contrario emiten más mal que antes. Ahora sabemos por qué Dios ha creado el Infierno.

Ser salados con fuego en el Lago de Fuego

Mientras estaba orando en el año 1982, Dios me mostró una escena del Juicio del Gran Trono Blanco, y brevemente el lago de fuego y el lago que arde con azufre. Estos dos lagos eran inmensos.

Desde cierta distancia, los dos lagos y las almas en ellos se ven como personas en piscinas con agua hirviendo. Algunas personas eran sumergidas hasta el pecho, mientras que otras eran sumergidas hasta el cuello, mostrando solamente sus cabezas.

En Marcos 9:48-49, Jesús habló del Infierno como un lugar *"donde el gusano de ellos no muere, y el fuego nunca se apaga. Todos serán salados con fuego".* ¿Puede imaginarse el dolor en tal horrible ambiente? Mientras estas almas tratan de escapar, todo lo que pueden hacer es saltar como sal que revienta y rechinar los dientes.

A veces las personas en este mundo saltan y se agachan mientras juegan o bailan hasta tarde en los clubes nocturnos. Después de un rato, se cansan y descansan si así lo desean. En el Infierno, sin embargo, las almas saltan no de placer sino a causa del extremo dolor y, por supuesto, no hay descanso para ellos, incluso si lo quisieran. Gritan de dolor tan fuertemente que se marean y atolondran, y sus ojos que miran por todos lados desesperadamente se ponen muy azules y espantosamente inyectados en sangre. Además sus cerebros explotan y los líquidos salen en chorros.

No importa cuán desesperadamente lo intenten, las almas no pueden salir. Tratan de empujarse y abrirse paso pisando sobre otros, pero es inútil. Cada pulgada del lago de fuego, cuyo fin es invisible desde el otro lado, mantiene la misma temperatura, y la temperatura del lago no disminuye ni siquiera con el paso del tiempo. Hasta el Día del Juicio del Gran Trono Blanco, el Hades ha estado controlado bajo el mando de Lucifer, y todos los castigos han sido dados de acuerdo al poder y autoridad de Lucifer.

Después del Juicio, sin embargo, los castigos serán dados por Dios y administrados de acuerdo a Su providencia y poder. Por consiguiente, la temperatura de todo el lago de fuego siempre se puede mantener al mismo nivel.

Este fuego hará que las almas sufran, pero no las matará. Así como las partes del cuerpo de las almas en el Hades se restauran a pesar de ser cortadas o destrozadas, los cuerpos de las almas en el Infierno se restauran rápidamente después que son quemadas.

Todo el cuerpo y los órganos dentro son quemados

¿Cómo se castiga a las almas en el lago de fuego? ¿Alguna vez ha visto una escena de libros de historietas, películas animadas, o series de dibujos animados en la televisión en la cual un personaje es electrocutado por electricidad de "alto voltaje"? En el momento que es electrocutado, su cuerpo se convierte en un esqueleto con un contorno de color oscuro rodeando su cuerpo. Cuando es liberado del flujo de la electricidad, aparentemente se ve normal. También imagínese que ve placas de Rayos X mostrando las partes internas del cuerpo humano.

De una manera similar, las almas en el lago de fuego son

mostradas en su forma física en un momento. En el siguiente, los cuerpos no se ven por ningún lado y sólo sus espíritus son visibles. Este proceso se repite. En el fuego abrasador, los cuerpos de las almas son quemados en un instante y desaparecen, y luego son restaurados.

En este mundo, cuando usted sufre una quemadura de tercer grado, podría no ser capaz de soportar la sofocante sensación por todo su cuerpo y entra en pánico y desesperación hasta no saber qué hacer. Nadie más puede entender el grado de dolor hasta que él mismo lo experimente. Usted podría no ser capaz de soportar el dolor aunque solamente se habría quemado los brazos.

Generalmente, esta sofocante sensación no desaparece inmediatamente después de la quemadura sino que dura unos cuántos días. El calor del fuego penetra al cuerpo y daña las células, a veces incluso al corazón. Entonces, ¿cuánto más doloroso será que le quemen todas las partes de su cuerpo y órganos internos, sólo para que sean restaurados y quemados repetidamente?

Las almas en el lago de fuego no pueden soportar el dolor; no pueden desmayarse, morir o tomar un descanso, ni siquiera por un momento.

El lago de azufre ardiente

El lago de fuego es un lugar de castigos para aquellos que cometieron pecados relativamente más leves y sufrieron con el primer o segundo nivel de castigo en el Hades. Los que cometieron pecados más graves y sufrieron con el tercer y cuarto nivel de castigo en el Hades, entrarán al lago que arde con azufre; el cual es siete veces más caliente que el lago de fuego. Como mencioné anteriormente, el lago que arde con azufre está reservado para las siguientes personas: Aquellos que hablaron en contra, se opusieron y blasfemaron al Espíritu Santo, aquellos que crucificaron a Jesús una y otra vez, aquellos que lo traicionaron, aquellos que siguieron pecando deliberadamente, idólatras al extremo, aquellos que pecaron después de tener sus conciencias cauterizadas, todos los que se opusieron a Dios con obras malas, y falsos profetas y maestros que enseñaron mentiras.

Todo el lago de fuego está lleno de fuego "rojo". El lago que arde con azufre está lleno de más fuego "amarillo" que de fuego "rojo", y está siempre hirviendo con burbujas del tamaño de calabazas por todo sitio. Las almas en este lago están completamente sumergidas en el líquido hirviendo de azufre ardiente.

Doblegado por el dolor

¿Cómo se puede explicar el dolor en el lago que arde con azufre que es siete veces más caliente que el lago de fuego en el cual el dolor es también inimaginable?

Permítame explicarlo con una analogía de cosas en este mundo. Si alguien fuera a beber un líquido que está derretido del hierro en un gran horno, ¿cuán doloroso sería? Sus órganos internos se quemarán cuando el calor, lo suficiente caliente para derretir hierro duro en líquido, entre a su estómago bajando por su garganta.

En el lago de fuego, las almas pueden por lo menos saltar o gritar de dolor. En el lago que arde con azufre, sin embargo, las almas no pueden quejarse o pensar sino están solamente oprimidos por el dolor. El grado de tormento y agonía a ser soportado en el lago que arde con azufre no puede describirse con ningún gesto o palabras. Además, las almas tienen que sufrir eternamente. Entonces, ¿cómo puede esta clase de tormento ser de algún modo descrito con palabras?

Algunos permanecen en el Hades incluso después del Juicio

Las personas salvas de los tiempos del Antiguo Testamento estuvieron en el Alto Sepulcro hasta que Jesucristo resucitó, y después de su resurrección entraron al Paraíso y esperarán en el Lugar de Espera en el Paraíso hasta que Su Segunda Venida en el aire se lleve a cabo. Por otra parte, las personas salvas de los tiempos del Nuevo Testamento se adaptan en el Alto Sepulcro por tres días y entran al Lugar de Espera y allí aguardan hasta la Segunda Venida de Jesucristo en el aire.

Sin embargo, los niños no nacidos que mueren en el vientre de sus madres no van al Paraíso, ya sea después de la resurrección de Jesucristo o incluso después del Juicio. Ellos habitan en el Alto Sepulcro por siempre.

Del mismo modo, entre los que actualmente sufren en el Hades hay excepciones. Estas almas no son arrojadas ni al lago de fuego ni al lago que arde con azufre incluso después del Juicio,

¿quiénes son ellos?

Niños que mueren antes de la pubertad

Entre los no salvos hay fetos abortados de seis meses o de más edad durante el embarazo, y niños antes de la pubertad de casi doce años de edad. Estas almas no son lanzadas en el lago de fuego o en el lago que arde con azufre. Esto se debe a que, a pesar de que llegan al Hades por causa de su propia maldad, al momento de su muerte no son lo suficientemente maduros para poseer una voluntad independiente. Esto significa que su vida en la fe podría no necesariamente haber sido el camino que ellos escogieron, porque pudieron ser fácilmente influenciados por elementos externos tales como sus padres, antepasados, y las cosas a su alrededor.

El Dios de amor y justicia considera estos factores y no los arroja al lago de fuego o al lago que arde con azufre incluso después del Juicio. Esto no significa, sin embargo, que sus castigos disminuirán o desaparecerán. Serán castigados eternamente de la manera que fueron castigados en el Hades.

Puesto que la paga del pecado es muerte

Excepto por ese caso, todas las personas en el Hades serán arrojadas en el lago de fuego o en el lago que arde con azufre de acuerdo a sus pecados cometidos mientras vivieron en la Tierra. En Romanos 6:23 se lee: *"Porque la paga del pecado es muerte, mas la dádiva de Dios es vida eterna en Cristo Jesús*

Señor nuestro". En este versículo, "muerte" no se refiere al fin de la vida en la Tierra, sino significa el castigo eterno, ya sea en el lago de fuego o en el lago que arde con azufre. El terrible y agonizante tormento del castigo eterno es la paga del pecado, y por lo tanto, usted sabe que el pecado es terrible, sucio y vil.

Si la gente supiera siquiera un poco de la miseria eterna del Infierno, ¿cómo no tendrían miedo de ir al Infierno? ¿Cómo no aceptarían a Jesucristo, obedecerían y vivirían por la palabra de Dios?

Jesús nos dijo lo siguiente en Marcos 9:45-47:

"Y si tu pie te fuere ocasión de caer, córtalo; mejor te es entrar a la vida cojo, que teniendo dos pies ser echado en el infierno, al fuego que no puede ser apagado, donde el gusano de ellos no muere, y el fuego nunca se apaga. Y si tu ojo te fuere ocasión de caer, sácalo; mejor te es entrar en el reino de Dios con un ojo, que teniendo dos ojos ser echado al infierno".

Es mejor que se corte los pies si comete pecados yendo a lugares que no debería ir, en vez de ir al Infierno. Es mejor que se corte las manos si comete pecados haciendo cosas que no debería hacer, en vez de ir al Infierno. De manera similar, también es mejor que se saque los ojos si comete pecados viendo cosas que no debería ver.

Sin embargo, con la gracia de Dios abundantemente dada a nosotros, no tenemos que cortarnos las manos y pies, o sacar nuestros ojos con el fin de entrar al Cielo. La razón de esto es porque nuestro Cordero inmaculado y sin mancha, el Señor Jesucristo, fue crucificado a nuestro favor, le clavaron Sus manos y pies y llevó una corona de espinas.

El Hijo de Dios vino para destruir las obras del diablo

Por lo tanto, cualquiera que cree en la sangre de Jesucristo es perdonado, liberado del castigo del lago de fuego o del lago que arde con azufre, y recompensado con la vida eterna.

1 Juan 3:8-9 nos dice: *"El que practica el pecado es del diablo; porque el diablo peca desde el principio. Para esto apareció el Hijo de Dios, para deshacer las obras del diablo. Todo aquel que es nacido de Dios, no practica el pecado, porque la simiente de Dios permanece en él; y no puede pecar, porque es nacido de Dios"*.

El pecado es más que una acción, tal como robar, asesinar, o estafar. La maldad en el corazón de alguien es un pecado más serio. Dios detesta el mal incluso en nuestros corazones. Él aborrece en sí mismo el corazón malo que juzga y condena a otros, el corazón malo que odia y tropieza y el corazón malo que es astuto y traidor. ¿Cómo sería el Cielo si se permitieran que personas con tales corazones entren y vivan en él? Incluso en el Cielo, entonces, la gente empezará a discutir acerca de lo que es correcto o incorrecto, así que Dios no permite que hombres malos entren al Cielo.

Por lo tanto, si usted llega a ser un hijo de Dios facultado por la sangre de Jesucristo, ya no debe vivir en la falsedad y mentira, o servir como un esclavo al diablo, sino vivir en la verdad como un hijo de Dios, el cual es la luz misma. Solamente entonces puede poseer toda la gloria del Cielo, ganar bendiciones para disfrutar la autoridad como un hijo de Dios y prosperar incluso en este mundo.

No debe cometer pecados al profesar su fe

Dios nos ama tanto que envió a Su amado, inocente y único Hijo a morir por nosotros en una cruz. ¿Puede imaginarse, entonces, cuánto se lamentará Dios y se disgustará cuando vea a aquellos que dicen ser "hijos de Dios" cometer pecados, bajo la influencia del diablo, y avanzar al Infierno tan rápidamente como nunca antes?

Le pido que no cometa pecados sino que sólo obedezca los mandamientos de Dios, mostrándose como un preciado hijo de Dios. Cuando usted hace eso, todas sus oraciones serán respondidas más rápidamente y se convertirá en un verdadero hijo de Dios, y al final, entrará y vivirá en la gloriosa Nueva Jerusalén. También obtendrá el poder y autoridad para echar fuera la oscuridad de aquellos que todavía no conocen la verdad, que todavía cometen pecados, y están llegando a ser esclavos del diablo. Será habilitado para conducirlos a Dios.

Que pueda ser un verdadero hijo de Dios, reciba las respuestas a todas sus oraciones y peticiones, le glorifique, y libre a muchas personas del camino al Infierno, de modo que pueda alcanzar la gloria de Dios, resplandeciendo como el sol en el Cielo.

Los espíritus malignos serán confinados en el Abismo

En el sentido bíblico, el Abismo es la parte más profunda y más baja en el Infierno. Está reservado solamente para los espíritus malignos que no están relacionados con la humanidad.

"Vi a un ángel que descendía del cielo, con la llave del abismo, y una gran cadena en la mano. Y prendió al dragón, la serpiente antigua, que es el diablo y Satanás, y lo ató por mil años; y lo arrojó al abismo, y lo encerró, y puso su sello sobre él, para que no engañase más a las naciones, hasta que fuesen cumplidos mil años; y después de esto debe ser desatado por un poco de tiempo" (Apocalipsis 20:1-3).

Esta es una descripción de un tiempo cercano al final de los Siete Años de la Gran Tribulación. Después de la Venida de Jesucristo, los espíritus malvados controlarán el mundo por siete años, durante los cuales la Tercera Guerra Mundial y otros desastres serán desencadenados por todo el mundo. Después de la Gran Tribulación está el Reino Milenial, durante el cual los espíritus malignos son confinados al Abismo. Hacia el fin del Milenio, los espíritus malignos son liberados por un corto tiempo y cuando el Juicio del Gran Trono Blanco esté completo, serán encadenados otra vez en el Abismo y esta vez, para siempre. Lucifer y sus siervos controlan el mundo de las tinieblas, pero después del Juicio, el Cielo y el Infierno serán administrados sólo por el poder de Dios.

Los espíritus malignos sólo son instrumentos para la cultivación humana

¿Qué clase de castigos recibirán los espíritus malignos, quienes han perdido todo poder y autoridad, en el Abismo?

Antes de seguir avanzando, recuerde que los espíritus malignos solamente sirven y existen tan sólo como instrumentos para el cultivo de la humanidad. Entonces, ¿por qué Dios cultiva seres humanos en la Tierra a pesar de que hay muchísimas huestes celestiales y ángeles en el Cielo? Esto sucede porque Dios quiere verdaderos hijos con quienes pueda compartir Su amor.

Permítame darle un ejemplo. A través de la historia de Corea, la nobleza usualmente tenía siervos en sus familias. Los siervos obedecían cualquier cosa que el amo les ordenaba. Ahora, un amo tenía hijas e hijos pródigos que no le obedecían sino sólo hacían lo que a ellos les agradaba. ¿Significa esto, que el amo amará más a sus siervos obedientes que a sus hijos pródigos? Él no puede evitar amar a sus hijos aun cuando podrían no ser los más obedientes.

Lo mismo sucede con Dios. Él ama a los seres humanos hechos a Su imagen sin importar cuántas huestes celestiales y ángeles obedientes tiene. Las huestes celestiales y ángeles se parecen más a robots que sólo hacen lo que se les dice. De este modo, son incapaces de compartir verdadero amor con Dios.

Por supuesto, esto no quiere decir que los ángeles y los robots son lo mismo en todos los aspectos. Por una parte, los robots hacen sólo lo que se les ordena, no tienen libre albedrío, y no pueden sentir nada. Por otra parte, al igual que los seres humanos, los ángeles conocen los sentimientos de gozo y tristeza.

Cuando usted siente gozo o tristeza, los ángeles no tienen los mismos sentimientos que usted tiene, sino que simplemente saben lo que es sentir lo mismo que usted siente. Por lo tanto, cuando usted alaba a Dios, los ángeles alabarán con usted a Dios. Cuando danza para glorificar a Dios, ellos también danzarán e incluso juntos tocarán instrumentos musicales. Esta característica los distingue de los robots. Sin embargo, ángeles y robots son "iguales" porque ninguno de los dos tienen libre albedrío y hacen sólo lo que se les ordena, creados y usados solamente como herramientas o instrumentos.

Como los ángeles, los espíritus malignos no son más que herramientas para el cultivo de la humanidad. Son como máquinas que no distinguen lo bueno de lo malo, hechos para cierto propósito, y son usados para un propósito malo.

Los espíritus malignos confinados en el Abismo

La ley del mundo espiritual dictamina que "la paga del pecado es la muerte" y que "el hombre cosecha lo que siembra". Después del Gran Juicio, las almas en el Hades sufrirán en el lago de fuego o en el lago que arde con azufre de acuerdo a esta ley. Esto es porque ellos escogen el mal en su libre albedrío y sentimientos cuando estaban siendo cultivados en la Tierra.

Los espíritus malignos, a excepción de los demonios, no son relevantes para la cultivación de la humanidad. De este modo, incluso después del Juicio, los espíritus malignos son confinados en el oscuro y frío Abismo, abandonados como un montón de basura. Este es el castigo más apropiado para ellos.

El trono de Dios está ubicado en el centro y en el ápice del Cielo. Por el contrario, los espíritus malignos están encerrados en el Abismo, el lugar más profundo y oscuro en el Infierno. No pueden ir de un lado a otro cómodamente en el oscuro y frío Abismo. Como si estuvieran aplastados por enormes rocas, los espíritus malignos estarán por siempre confinados en una posición en la que no se podrán mover.

Estos espíritus malos habían pertenecido una vez al Cielo y tuvieron obligaciones gloriosas. Después de su caída, los ángeles caídos usaron autoridad como ellos quisieron en el mundo de la oscuridad. No obstante, fueron derrotados en una guerra que habían declarado a Dios y todo se acabó. Perdieron toda la gloria y valor como seres celestiales. En el Abismo, como símbolo de maldición y desgracia, las alas de estos ángeles caídos les serán quitadas.

Un espíritu es un ser eterno e inmortal. Sin embargo, un espíritu maligno en el Abismo no puede siquiera mover un dedo, no tiene sentimientos, voluntad o poder. Son como máquinas que han sido desconectadas, o muñecas que han sido desechadas, e incluso parecen estar congelados.

Algunos mensajeros del Infierno permanecen en el Hades

Hay una excepción a esta regla. Como mencioné

anteriormente, los niños menores de aproximadamente doce años permanecerán en el Hades incluso después del Juicio. Así, a fin de que los castigos de estos niños continúen, los mensajeros del Infierno son necesarios para controlar.

Estos mensajeros del Infierno no están confinados en el Abismo sino que permanecen en el Hades. Se ven como robots. Antes del Juicio, a veces se reían y disfrutaban al ver a las almas siendo torturadas, pero eso no era porque ellos mismos tenían algunas emociones. Era el control de Lucifer, quien tenía características humanas, quien inducía y motivaba a los mensajeros del Infierno para mostrar emociones. Después del Juicio, sin embargo, ya no son controlados por Lucifer, sino que harán su trabajo sin ningún sentimiento, trabajando como máquinas.

¿Dónde terminarán los demonios?

A diferencia de los ángeles caídos, los dragones y sus seguidores que habían sido creados antes de la creación del universo, los demonios no son seres espirituales. Una vez fueron seres humanos, hechos del polvo, y tenían espíritus, almas y cuerpos como nosotros. Entre esos que fueron una vez cultivados en este mundo pero que murieron sin recibir salvación están aquellos a quienes se les permite venir a este mundo como demonios bajo circunstancias especiales.

Entonces, ¿cómo se convierte una persona en demonio? Usualmente hay cuatro formas por medio de las cuales la gente se convierte en demonios.

El primero es el caso de las personas que han vendido sus espíritus y almas a Satanás.

La gente que practica hechicería y busca ayuda y poder de los espíritus malignos para satisfacer su codicia y deseo, tales como hechiceros, pueden convertirse en demonios cuando mueren.

El segundo es el caso de las personas que cometieron suicidio por su propia maldad.

Si las personas acaban con sus vidas por sí mismas a causa del fracaso de los negocios u otras razones, han ignorado la soberanía de Dios sobre la vida y pueden convertirse en demonios. No obstante, esto no es lo mismo que sacrificar su vida por su país o ayudar a los indefensos. Si un hombre, que no sabía cómo nadar, ha saltado al agua para rescatar a otra persona a expensas de su propia vida, fue por un buen y noble propósito.

El tercero es el caso de las personas que una vez creyeron en Dios pero terminaron negándole y vendiendo su fe.

Algunos creyentes culpan y se oponen a Dios cuando enfrentan grandes dificultades o pierden algo o a alguien muy amado por ellos. Charles Darwin, el pionero de la teoría de la evolución, es un buen ejemplo. Darwin había creído en Dios el Creador una vez. Cuando su amada hija murió prematuramente, Darwin llegó a negar y se opuso a Dios, y presentó la teoría de la evolución. Tales personas cometen el pecado de crucificar a Jesucristo, nuestro Redentor, otra vez (Hebreos 6:6).

El cuarto y último es el caso de las personas que obstaculizan, se oponen y blasfeman al Espíritu Santo aunque creen en Dios y conocen la verdad (Mateo 12:31-32; Lucas 12:10).

Hoy en día, muchas personas que aparentemente profesan su creencia en Dios obstaculizan, se oponen y blasfeman al Espíritu Santo. Aunque estas personas son testigos de muchas obras de Dios, sin embargo juzgan y condenan a otros, se oponen a las obras del Espíritu Santo, y tratan de destruir las iglesias junto con Sus obras. Además, si hacen esto siendo líderes, sus pecados llegan a ser mucho más graves.

Cuando estos pecadores mueren, son arrojados en el Hades y reciben el tercer o cuarto nivel de castigos. El hecho es que algunas de estas almas se convierten en demonios y son liberados en este mundo.

Para mayor información acerca de los demonios, por favor consiga la serie de mensajes titulados "El mundo de los espíritus malignos".

Los demonios son controlados por el diablo

Hasta el Juicio, Lucifer tiene la completa autoridad para controlar al mundo de la oscuridad en el Hades. De este modo, Lucifer también tiene poder para seleccionar ciertas almas más apropiadas del Hades para sus obras y usarlos en este mundo como demonios.

Una vez que estas almas son seleccionadas y liberadas en este mundo, ya no tendrán voluntad o sentimientos por sí mismos, a diferencia de haberlos tenido durante su vida. De acuerdo a la voluntad de Lucifer, son controlados por él y sirven solamente como los instrumentos para cumplir objetivos del mundo de los espíritus malignos.

Los demonios tientan a la gente en la Tierra para amar al mundo. Algunos de los pecados más atroces y crímenes de hoy, no son una coincidencia sino hechos posibles por medio de la obra de los demonios de acuerdo a la voluntad de Lucifer. Los demonios entran a las personas de acuerdo a la ley del mundo espiritual y los conducen al Infierno. A veces, los demonios dejan a las personas inválidas y les ocasionan enfermedades. Por supuesto que esto no significa que todas las clases y casos de deformidades o enfermedades se atribuyan a los demonios, pero algunos casos son ocasionados por ellos. Encontramos en la Biblia un joven poseído por un demonio, que había sido mudo desde su niñez (Marcos 9:17-24), y a una mujer que había quedado lisiada por obra de un espíritu maligno y estuvo encorvada por dieciocho años, y no podía enderezarse (Lucas 13:10-13).

De acuerdo a la voluntad de Lucifer, los demonios han sido asignados para las responsabilidades de menor valor en el mundo de la oscuridad pero no serán confinados en el Abismo después del Juicio. Puesto que los demonios habían sido seres humanos una vez y cultivados, junto con aquellos que recibieron el tercer y cuarto nivel de castigo en el Hades, serán arrojados al lago de fuego o al lago que arde con azufre después del Juicio del Gran Trono Blanco.

Los espíritus malignos tienen temor del Abismo

Algunos de ustedes que se acuerdan de las palabras en la Biblia quizás encuentren que algo está equivocado.

En Lucas 8, hay una escena en la cual Jesús se encuentra con un hombre poseído por un demonio. Cuando ordenó al demonio que salga del hombre, el demonio dijo: *"¿Qué tienes conmigo, Jesús, Hijo del Altísimo? ¡Te ruego que no me atormentes!"* (Lucas 8:28), y le rogó a Jesús que no lo enviase al Abismo.

Los demonios están destinados a ser arrojados al lago que arde con azufre, no al Abismo. Entonces, ¿por qué pidió a Jesús que no lo envíe al Abismo? Como mencioné anteriormente, los demonios habían sido una vez seres humanos y como tales, eran sólo instrumentos usados para el cultivo de la humanidad de acuerdo a la voluntad de Lucifer. De manera que, cuando el demonio habló con Jesús a través de los labios de este hombre, estaba expresando el corazón de los malos espíritus que lo controlaban, no de sí mismo. Los espíritus malignos encabezados por Lucifer saben que una vez que la providencia de Dios del cultivo de la humanidad esté completa, perderán toda su autoridad y poder y serán confinados eternamente en el Abismo. Este temor por el futuro tan claro fue mostrado a través de la súplica del demonio.

Además, el demonio fue usado como un instrumento de modo que el temor de estos espíritus malignos, así como su final, pudieran ser registrados en la Biblia.

¿Por qué los demonios odian Corea del Norte, el agua y el fuego?

Al comienzo de mi ministerio, el Espíritu Santo obró tan profundamente en mi iglesia que los ciegos llegaron a ver, los mudos llegaron a hablar, la gente con poliomielitis llegó a caminar, y los espíritus malignos fueron echados fuera. Estas noticias se esparcieron por todo el país, y muchas personas enfermas llegaron. En ese tiempo, oré personalmente por los que estaban poseídos por demonios, estos, como seres espirituales, sabían anticipadamente que serían echados fuera. A veces, algunos demonios me rogaban: "¡Por favor no nos eches al agua, o al fuego, o a Corea del Norte!"

Por supuesto, yo no podía estar de acuerdo con sus peticiones. Después de eso, oré: "Dios, ¿por qué los demonios odian Corea?" En respuesta, Dios me reveló que los demonios odian Corea del Norte porque la gente en ese apartado país no puede y no adora ídolos y por lo tanto no aceptarán a los demonios.

¿Entonces, por qué los demonios odian el agua y el fuego? La Biblia ha registrado el rechazo y enojo de los demonios hacia el agua y el fuego también. Cuando oré otra vez pidiendo revelación sobre esto, Dios me dijo que el agua espiritualmente representa la vida, más específicamente a la Palabra de Dios que es la luz misma. Además, el fuego simboliza el fuego del Espíritu Santo. Por esta razón, los demonios que representan la oscuridad misma perderán su poder y autoridad cuando sean expulsados al fuego o al agua.

En Marcos 5 hay una escena en la cual Jesús manda al

demonio "Legión" que salga de un hombre, y ellos le rogaron que los envíe entre los cerdos (Marcos 5:12). Jesús les dio permiso, y los espíritus malignos salieron del hombre y entraron en los cerdos. El hato de cerdos, casi dos mil en número, corrió ribera abajo hacia el lago y se ahogaron. Jesús hizo esto para evitar que estos demonios avancen más en el trabajo de Lucifer al ahogarlos en un lago. Esto no significa, sin embargo, que los demonios fueron ahogados, solamente perdieron su poder. Por eso es que Jesús nos dice que *"cuando el espíritu inmundo sale del hombre, anda por lugares secos, buscando reposo"* (Mateo 12:43).

Los hijos de Dios deberían conocer el mundo espiritual claramente a fin de mostrar el poder de Dios. Los demonios tiemblan con temor si usted los echa fuera y tiene el conocimiento completo del mundo espiritual. Sin embargo, no temblarán, mucho menos serán echados fuera, si usted sólo dice: "¡Demonio, sal y entra al agua! ¡Entra al fuego!", sin tener el entendimiento espiritual.

Lucifer lucha para establecer su reino

Dios es el Dios de amor abundante pero es también el Dios de justicia. No importa cuán misericordiosos y compasivos algunos reyes de este mundo puedan ser, no pueden ser misericordiosos y compasivos incondicionalmente en todo momento. Cuando hay ladrones y asesinos en el país, un rey debería atraparlos y castigarlos de acuerdo a la ley de este mundo, a fin de mantener la paz y seguridad para su pueblo. Aún cuando su amado hijo o su pueblo cometan graves crímenes tales como traición, el rey no tiene otra opción sino la de castigarlos de acuerdo a la ley.

Del mismo modo, el amor de Dios es la clase de amor que está de acuerdo con el estricto orden del mundo espiritual. Dios había amado mucho a Lucifer antes de su traición, e incluso después de su traición, Dios dio a Lucifer completa autoridad sobre la oscuridad, pero la única recompensa que Lucifer recibirá es el encierro en el Abismo. Puesto que Lucifer ya sabe este hecho, está esforzándose para establecer su reino y mantenerlo firme. Por esta razón, Lucifer mató muchos profetas de Dios hace dos mil años y antes de ese tiempo. Dos mil años atrás, cuando Lucifer averiguó acerca del nacimiento de Jesús, a fin de evitar que el Reino de Dios sea establecido y para mantener perpetuamente su reino de oscuridad, trató de matar a Jesús por medio del Rey Herodes. Después de haber sido instigado por Satanás, Herodes dio órdenes de matar a todos los niños en la tierra que tuvieran dos años y menores de dos años (Mateo 2:13-18).

Aparte de esto, durante los dos últimos milenios, Lucifer siempre ha tratado de destruir y matar a cualquiera que mostrase el maravilloso poder de Dios. No obstante, Lucifer nunca puede prevalecer en contra de Dios o sobrepasar Su sabiduría, y su fin se encuentra sólo en el Abismo.

El Dios de amor espera y da oportunidades para el arrepentimiento

Todas las personas en la tierra han de ser juzgadas de acuerdo a sus obras. Al injusto le esperan maldiciones y castigos y al bueno le aguardan bendiciones y gloria. Sin embargo Dios, quien es amor en Sí mismo, no arroja inmediatamente al Infierno a las personas que acaban de pecar. Él espera pacientemente que la gente se arrepienta, como si *"un día es como mil años, y mil años como un día"* (2 Pedro 3:8-9). Este es el amor de Dios que quiere que todas las personas reciban salvación.

Por medio de este mensaje acerca del Infierno, usted debería recordar que Dios también fue paciente y esperó a todos aquellos que están siendo castigados en el Hades. Este Dios de amor se lamenta por las almas, creadas a Su imagen y semejanza, quienes están ahora sufriendo y seguirán sufriendo durante todas las edades por venir.

A pesar de la paciencia y amor de Dios, si la gente no acepta el Evangelio hasta el fin o dice creer en Dios pero sigue pecando, perderán todas las oportunidades de salvación e irán al Infierno.

Por eso es que los creyentes siempre deberían estar esparciendo el Evangelio ya sea que tengamos o no una oportunidad. Supongamos que hubo un gran incendio en su casa mientras usted estuvo ausente. Cuando regresó, la casa estaba envuelta en llamas y sus hijos estaban durmiendo dentro. ¿Acaso no hará todo lo que pueda para rescatar a sus hijos? El corazón de Dios se destroza aún más cuando ve a las personas que son creadas a Su imagen y a Su semejanza cometer pecados y caer en las llamas eternas del Infierno. De manera similar, ¿puede imaginar cuán complacido y satisfecho estará Dios al ver personas conduciendo otras personas a la salvación?

Usted debería entender el corazón de Dios que ama a todas las personas y se aflige por los que están en camino al Infierno, así como el corazón de Jesucristo que no quiere perder ni aún a una persona.

Ahora que ha leído acerca de la crueldad y miseria del Infierno, usted quizás pueda entender por qué Dios está tan contento con la salvación de las personas. Espero que pueda comprender completamente y sentir el corazón de Dios de modo que difunda las buenas nuevas y conduzca personas al Cielo.

Capítulo 9

¿Por qué tuvo el Dios de amor que crear el Infierno?

La paciencia y amor de Dios

¿Por qué el Dios de amor tuvo que preparar el Infierno?

Dios desea que todas las personas reciban salvación

Valientemente propague el Evangelio

"... el cual quiere que todos los hombres sean salvos y vengan al conocimiento de la verdad."
- 1 Timoteo 2:4 -

"Su aventador está en su mano, y limpiará su era; y recogerá su trigo en el granero, y quemará la paja en fuego que nunca se apagará."
- Mateo 3:12 -

Casi dos mil años atrás, Jesús fue por todas partes de las ciudades y aldeas en Israel, predicó las buenas nuevas y sanó toda enfermedad. Cuando encontró personas, Jesús tuvo compasión de ellos, porque estaban desamparadas y dispersas, como ovejas que no tienen pastor (Mateo 9:36). Había muchísima gente que iba a ser salva, pero no había nadie que los apacentara y cuidara. Aunque Jesús diligentemente fue por las aldeas y visitó personas, no pudo cuidar de todos, uno por uno.

Jesús dijo a Sus discípulos: *"Entonces dijo a sus discípulos: A la verdad la mies es mucha, mas los obreros pocos. Rogad, pues, al Señor de la mies, que envíe obreros a su mies"* (Mateo 9:37-38). Muy necesitados eran los obreros que pudieran enseñar a muchas personas la verdad con un ardiente amor y echar fuera las tinieblas de ellos en lugar de Jesús.

En estos días, muchas personas están esclavizadas por el pecado, sufriendo de enfermedades, pobreza y dolor, y están dirigiéndose al Infierno, todo porque no conocen la verdad. Tenemos que entender el corazón de Jesús quien está buscando obreros para enviar a los campos de cosecha, de modo que usted no solamente reciba salvación sino también le diga: "¡Aquí estoy! Envíame a mí, Señor".

La paciencia y amor de Dios

Había un hijo que era amado y adorado por sus padres. Un día este hijo pidió a sus padres que le den su parte de la herencia. Ellos accedieron al pedido del hijo, a pesar que no lo entendieron muy bien, pues iban a dejarle todo como herencia de todas maneras. Luego el hijo se fue a otro país con su parte de la herencia. Aunque tenía esperanzas y ambiciones al comienzo, cada vez más se entregó al placer y la pasión del mundo y al final malgastó toda su riqueza. Además, el país pasó una gran escasez así que empobreció aún más. Un día, alguien dio las nuevas acerca del hijo a sus padres, diciéndoles que su hijo se había convertido en casi un mendigo debido a la vida de derroche, y era por lo tanto despreciado por la gente.

¿Qué es lo que sus padres deben haber sentido? Podrían haberse molestado al comienzo, pero pronto empezaron a preocuparse por él, pensando: "Te perdonamos, hijo. ¡Sólo regresa a casa pronto!"

Dios acepta a Sus hijos que regresan arrepentidos

El corazón de estos padres está registrado en Lucas 15. El padre, cuyo hijo había partido a un país distante, esperaba cada día a su hijo en la puerta. El padre estaba esperando el retorno de su hijo tan desesperadamente que cuando su hijo regresó en verdad, el padre inmediatamente lo reconoció aun desde cierta distancia. Corrió a él y arrojó sus brazos a su alrededor con gozo. El padre puso a su hijo arrepentido el mejor traje y calzado, mató el becerro gordo, e hizo una fiesta en honor al hijo.

Así es el corazón de Dios. No sólo perdona a todos los que se arrepienten sinceramente, sin tomar en cuenta la cantidad de la gravedad de sus pecados, sino también los consuela y capacita para mejorar su forma de vida. Cuando una persona es salva por la fe, Dios se regocija y celebra la ocasión con las huestes celestiales y ángeles. Nuestro Dios misericordioso es el amor en sí. Con el corazón del padre que espera a su hijo, Dios ansiosamente quiere que todas las personas se vuelvan del pecado y reciban salvación.

El Dios de amor y de perdón

Por medio de Oseas 3, usted puede entrever la abundante misericordia y compasión de nuestro Dios, quien siempre está deseoso de perdonar y amar incluso a los pecadores.

Un día Dios ordenó a Oseas a tomar una mujer adúltera como su esposa. Oseas obedeció y se casó con Gomer. Pocos años después, sin embargo, Gomer no pudo guardar su corazón y se enamoró de otro hombre. Además, se prostituyó por dinero y se marchó para amar a otro hombre. Dios dijo entonces a Oseas: *"Ve, ama a una mujer amada de su compañero, aunque adúltera"* (Oseas 3:1). Dios ordenó a Oseas amar a su esposa, quien lo había traicionado y había abandonado su hogar para amar a otro hombre. Oseas trajo a Gomer de regreso después de pagar quince siclos de plata y un homer y medio de cebada (Oseas 3:2). ¿Cuántas personas pueden hacer eso? Después que Oseas trajo a Gomer de regreso, le dijo: *"Tú serás mía durante muchos días; no fornicarás, ni tomarás otro varón; lo mismo haré yo contigo"* (Oseas 3:3). No la condenó o la aborreció, sino que la perdonó con amor y le pidió que nunca lo deje otra vez.

Lo que Oseas hizo parece tonto a la vista de la gente de este mundo. Sin embargo, su corazón simboliza el corazón de Dios.

De la manera en que Oseas se casó con una mujer adúltera, Dios nos amó primero, quienes lo habíamos dejado, e incluso nos libertó.

Después de la desobediencia de Adán, todos los seres humanos estuvieron impregnados con el pecado. Al igual que Gomer, no eran dignos del amor de Dios. Sin embargo, Dios los amó a pesar de eso y les dio a Su único hijo Jesús para ser crucificado. Este Jesús fue azotado, llevó una corona de espinas y fue crucificado en Sus manos y pies a fin de salvarnos. Aun cuando estaba colgado en la cruz muriendo, Él oró diciendo: "Padre, perdónalos". Aun mientras hablamos, Jesús está intercediendo por todos los pecadores delante del trono de nuestro Dios el Padre en el Cielo.

Sin embargo, mucha gente no conoce el amor y gracia de Dios. Por el contrario, aman el mundo y siguen pecando conforme a sus deseos carnales. Algunos viven en la oscuridad porque no conocen la verdad. Otros saben la verdad pero con el tiempo, sus corazones cambian y cometen pecados otra vez. Una vez que las personas alcanzan la salvación, éstas tienen que santificarse diariamente. Sin embargo, sus corazones se corrompen y contaminan, a diferencia del momento en que recibieron el Espíritu Santo por primera vez. Por eso la gente comete aún la clase de mal que una vez habían abandonado.

Dios todavía quiere perdonar y amar incluso a las personas que han pecado y amado al mundo. Igual que Oseas trajo de regreso a su adúltera esposa, quien amó a otro hombre, Dios está esperando el regreso y arrepentimiento de Sus hijos que han pecado.

Por lo tanto, tenemos que entender el corazón de Dios que nos ha revelado el mensaje del Infierno. Dios no desea asustarnos, Él sólo quiere que conozcamos acerca de la miseria del Infierno, que nos arrepintamos completamente, y recibamos salvación. El mensaje del Infierno es una forma por la cual Él expresa su ferviente amor por nosotros. También debemos entender por qué Dios tuvo que preparar el Infierno de modo que podamos entender Su amor más profundamente y esparcir las buenas nuevas a más personas para salvarlas de los castigos eternos.

¿Por qué el Dios de amor tuvo que preparar el Infierno?

Génesis 2:7 dice: *"Entonces Jehová Dios formó al hombre del polvo de la tierra, y sopló en su nariz aliento de vida, y fue el hombre un ser viviente"*.

En 1983, el siguiente año en que las puertas de mi iglesia se abrieron, Dios me mostró una visión en la cual estaba representada la creación de Adán. Dios estaba feliz y gozoso formando a Adán del barro con cuidado y amor, como si un niño estuviera jugando con su juguete o muñeca favorita. Después de moldear delicadamente a Adán, Dios sopló el aliento de vida en su nariz. Puesto que recibimos el aliento de vida de Dios, quien es espíritu, nuestro espíritu y alma son inmortales. La carne hecha del polvo perecerá y se convertirá en un puñado de polvo, pero nuestro espíritu y alma durarán para siempre.

Por esta razón, Dios tuvo que preparar lugares para que estos espíritus inmortales habiten, y estos son el Cielo y el Infierno. Como está registrado en 2 Pedro 2:9-10, las personas que viven vidas con temor a Dios serán salvas y entrarán al Cielo, pero los malvados serán castigados en el Infierno.

> *"Sabe el Señor librar de tentación a los piadosos, y reservar a los injustos para ser castigados en el día del juicio; y mayormente a aquellos que, siguiendo la carne, andan en concupiscencia e inmundicia, y desprecian el señorío. Atrevidos y contumaces, no temen decir mal de las potestades superiores".*

Por otra parte, los hijos de Dios vivirán bajo Su eterno Reino en el Cielo. Por lo tanto, el Cielo siempre está lleno de felicidad y gozo. Por otra parte, el Infierno es un lugar para todos los que no aceptan el amor de Dios sino que por el contrario le traicionaron y se hicieron esclavos del pecado. En el Infierno recibirán crueles castigos. Entonces, ¿por qué el Dios de amor tuvo que preparar el Infierno?

Dios separa el trigo de la paja

Como un agricultor siembra semillas y las cultiva, Dios cultiva seres humanos en este mundo para obtener verdaderos hijos. Cuando llega el tiempo de la cosecha, Él separa el trigo de la paja, enviando el trigo al Cielo y la paja al Infierno.

"Su aventador está en su mano, y limpiará su era; y

recogerá su trigo en el granero, y quemará la paja en fuego que nunca se apagará" (Mateo 3:12).

El "trigo" aquí simboliza a todos los que aceptan a Jesucristo, tratan de recuperar la imagen de Dios, y viven de acuerdo a Su Palabra. La "paja" se refiere a los que no aceptan a Jesucristo como su Salvador, sino que aman el mundo, y siguen el mal.

Como un sembrador junta el trigo en un granero y quema la paja o la usa como fertilizante en la cosecha, Dios también lleva el trigo al Cielo y arroja la paja en el Infierno.

Dios quiere cerciorarse que sepamos de la existencia del Hades y del Infierno. La lava bajo la superficie de la tierra y el fuego sirven como un recordatorio de los castigos eternos en el Infierno. Si no hubiera fuego o azufre en este mundo, ¿cómo nos hubiéramos imaginado alguna vez las espantosas escenas del Hades y del Infierno? Dios creó estas cosas porque son necesarias para el cultivo de los seres humanos.

La razón por la que "la paja" es arrojada en el fuego del Infierno

Algunos podrían preguntar: "¿Por qué el Dios de amor preparó el Infierno? ¿Por qué no puede permitir que la paja también entre al Cielo?"

La belleza del Cielo está más allá de cualquier imaginación o descripción. Dios, el amo del Cielo, es santo y sin ninguna mancha o desperfecto, y por lo tanto, solamente a aquellos que hacen Su voluntad se les permite entrar al Cielo (Mateo 7:21). Si la gente mala estuviera en el Cielo junto con las personas llenas de amor y bondad, la vida en el Cielo sería muy difícil y extraña, y el hermoso Cielo solamente estaría contaminado. Por eso es que Dios tuvo que preparar el Infierno, para separar el trigo en el Cielo de la paja en el Infierno.

Sin Infierno, el justo y el malvado estarían obligados a vivir juntos. Si ese fuera el caso, el Cielo se convertiría en un refugio de oscuridad, lleno de gritos y llantos en agonía. Sin embargo, el propósito del cultivo de la humanidad de Dios no es crear un lugar así. El Cielo es un lugar sin lágrimas, dolor, tormento y enfermedad, donde Él puede compartir Su abundante amor con Sus hijos por la eternidad. De este modo, el Infierno es necesario para confinar eternamente las personas malvadas e indignas: La paja.

Romanos 6:16 dice: *"¿No sabéis que si os sometéis a alguien como esclavos para obedecerle, sois esclavos de aquel a quien obedecéis, sea del pecado para muerte, o sea de la obediencia para justicia?"* Aunque ellos podrían no haberlo sabido, todos los que no viven de acuerdo a la Palabra de Dios son esclavos del pecado y esclavos de nuestro enemigo Satanás y el diablo. En esta Tierra, son controlados por el enemigo Satanás y el diablo; después de la muerte, serán arrojados en las manos de esos espíritus malvados en el Infierno y recibirán toda clase de castigos.

Dios recompensa a todos de acuerdo a lo que han hecho

Nuestro Dios no solamente es el Dios de amor, misericordia y bondad sino también es un Dios justo y recto que recompensa a cada uno de nosotros de acuerdo a nuestras obras. Gálatas 6:7-8 dice:

"No os engañéis; Dios no puede ser burlado: pues todo lo que el hombre sembrare, eso también segará. Porque el que siembra para su carne, de la carne segará corrupción; mas el que siembra para el Espíritu, del Espíritu segará vida eterna".

Por un lado, cuando usted siembra oraciones y alabanzas, estará capacitado para vivir de acuerdo a la Palabra de Dios con poder del Cielo, y su espíritu y alma serán prosperados. Cuando siembra con servicios fieles, todo su ser, espíritu, alma y cuerpo será fortalecido. Cuando siembra dinero por medio del diezmo u ofrendas de acción de gracias, será económicamente bendecido más abundantemente de modo que pueda sembrar más para el Reino de Dios y su justicia. Por otro lado, cuando siembra el mal, será pagado con la exacta cantidad y magnitud de su maldad. Aunque sea un creyente, cuando siembra pecados y desorden, enfrentará dificultades y pruebas. Por lo tanto, espero que sea iluminado y aprenda esta verdad con la ayuda del Espíritu Santo, de modo que pueda recibir vida eterna.

En Juan 5:29, Jesús nos dijo que: *"Y los que hicieron lo*

bueno, saldrán a resurrección de vida; mas los que hicieron lo malo, a resurrección de condenación". En Mateo 16:27, Jesús nos prometió: *"Porque el Hijo del Hombre vendrá en la gloria de su Padre con sus ángeles, y entonces pagará a cada uno conforme a sus obras".*

Con impecable precisión, por medio del Juicio, Dios retribuye con premios adecuados y designa castigos apropiados a todos de acuerdo a lo que han hecho. Si cada persona irá al Cielo o al Infierno no depende de Dios sino de cada individuo que tiene libre albedrío, y todos cosecharán lo que siembran.

Dios desea que todas las personas reciban salvación

Dios considera a cada persona creada a Su imagen y semejanza más importante que todo el universo. De este modo, Dios quiere que todos los hombres crean en Jesucristo y reciban salvación.

Dios se regocija aún más cuando un pecador se arrepiente

Con el corazón de un pastor que busca por caminos ásperos una oveja perdida; a pesar que tiene otras noventa y nueve seguras (Lucas 15:4-7), Dios se regocija mucho más por un pecador que se arrepiente que por noventa y nueve justos que no necesitan arrepentirse.

David escribió que *"Cuanto está lejos el oriente del*

occidente, hizo alejar de nosotros nuestras rebeliones. Como el padre se compadece de los hijos, se compadece Jehová de los que le temen" (Salmos 103:12-13). Dios también prometió en Isaías 1:18 que: *"...si vuestros pecados fueren como la grana, como la nieve serán emblanquecidos; si fueren rojos como el carmesí, vendrán a ser como blanca lana".*

Dios es la luz misma y en Él, no hay tinieblas. Es también la bondad misma, quien odia el pecado, pero cuando un pecador viene delante de Él y se arrepiente, Dios no se acuerda de sus pecados. Por el contrario, Dios extiende sus brazos y bendice al pecador en Su infinito perdón y tierno amor.

Si usted entiende el maravilloso amor de Dios aunque sea sólo un poco, debería tratar a cada persona con amor sincero. Debería tener compasión por los que están yendo hacia el fuego del Infierno, orar fervientemente por ellos, compartir las buenas nuevas con ellos y visitar a los que tienen una fe débil y fortalecer su fe de modo que puedan estar firmes.

Si usted no se arrepiente

1 Timoteo 2:4 nos dice que Dios *"quiere que todos los hombres sean salvos y vengan al conocimiento de la verdad".* Dios quiere mucho que toda la gente le conozca, reciba salvación, y venga a donde Él está. Dios está ansioso por la salvación de toda persona, esperando que la gente en la oscuridad y pecado se vuelva a Él.

No obstante, aunque Dios ha dado a la gente muchas oportunidades para arrepentirse, hasta el punto de sacrificar a

Su único Hijo en la cruz, si ellos mueren sin arrepentirse, sólo una realidad les espera. De acuerdo a la ley del mundo espiritual, cosecharán lo que sembraron y serán recompensados de acuerdo a lo que han hecho, y arrojados al Infierno al final.

Espero que usted llegue a entender este maravilloso amor y justicia de Dios de modo que pueda recibir a Jesucristo y sea perdonado. Además, compórtese y viva de acuerdo a la voluntad de Dios para que pueda resplandecer como el sol en el Cielo.

Valientemente propague el Evangelio

Los que conocen y verdaderamente creen en la existencia del Cielo y del Infierno no pueden dejar de evangelizar, porque conocen el corazón de Dios que quiere demasiado que todos los hombres reciban salvación.

Faltan personas para difundir el Evangelio

Romanos 10:14-15 nos dice que Dios elogia a los que esparcen las buenas nuevas.

"¿Cómo, pues, invocarán a aquel en el cual no han creído? ¿Y cómo creerán en aquel de quien no han oído? ¿Y cómo oirán sin haber quien les predique? ¿Y cómo predicarán si no fueren enviados? Como está escrito: ¡Cuán hermosos son los pies de los que anuncian la paz, de los que anuncian buenas nuevas!"

En 2 Reyes 5 hay una historia acerca de Naamán, un general del ejército del rey Aram. Naamán era considerado un hombre importante y noble por el rey porque había salvado a su país muchas veces. Ganó fama y riqueza, y no tenía necesidad de nada. Sin embargo, Naamán tenía lepra. En esos días, la lepra era una enfermedad incurable y considerada como la maldición del cielo, así que el valor y riquezas de Naamán eran entonces sin valor para él. Incluso su propio rey no podía ayudarle.

¿Puede imaginar el corazón de Naamán que veía su cuerpo que una vez fue sano descomponerse y deteriorarse día a día? Además, incluso los miembros de su familia mantenían distancia de Naamán, temiendo que ellos también podrían contagiarse con esta enfermedad. ¿Cómo debe haberse sentido el impotente e indefenso Naamán?

Sin embargo, Dios tenía un plan para Naamán, un general gentil. Había una sirvienta que había sido capturada en Israel, ahora estaba sirviendo a la esposa de Naamán.

Naamán es sanado después de escuchar a su criada

La criada, aunque era una jovencita, conocía la forma de resolver el problema de Naamán. La niña creía que Eliseo, un profeta en Samaria, podía sanar la enfermedad de su amo. Valientemente dio las nuevas acerca del poder de Dios mostrado a través de Eliseo a su amo. No mantuvo la boca cerrada especialmente acerca de algo en lo cual tenía mucha fe. Después de oír estas noticias, Naamán preparó ofrendas con su mayor sinceridad y fue a ver al profeta.

¿Qué cree que le sucedió a Naamán? Fue completamente sanado por el poder de Dios que estaba con Eliseo. Incluso confesó: "He aquí ahora conozco que no hay Dios en toda la Tierra, sino en Israel". Naamán fue curado no solamente de esta enfermedad, sino que el problema de su espíritu también fue resuelto.

Acerca de esta historia, Jesús comentó en Lucas 4:27: *"Y muchos leprosos había en Israel en tiempo del profeta Eliseo; pero ninguno de ellos fue limpiado, sino Naamán el sirio"*. ¿Por qué sólo Naamán el gentil pudo ser sanado aunque había muchos otros leprosos en Israel? Esto sucedió porque el corazón de Naamán era verdaderamente bueno y humilde para escuchar el consejo de otras personas. Aunque Naamán era un gentil, Dios preparó el camino de salvación para él porque era un hombre bueno, un general siempre fiel a su rey, y un siervo que amaba a su pueblo tanto que pudo y gustosamente hubiera puesto su vida por ellos.

Sin embargo, si la criada no hubiera entregado el mensaje del poder de Eliseo a Naamán, éste hubiera muerto sin ser sanado, y mucho menos sin recibir salvación. La vida de un noble y digno guerrero dependía de los labios de una jovencita.

Valientemente predique el Evangelio

Como fue el caso de Naamán, muchas personas alrededor suyo están esperando que usted abra su boca. Incluso en esta vida, están sufriendo a causa de muchas dificultades de la vida y yendo hacia el Infierno cada día. ¿Cuán triste será si han de ser eternamente atormentados *después* de una vida tan dura en la Tierra? Por lo tanto, los hijos de Dios deben valientemente entregar el evangelio a tales personas.

Dios estará muy complacido cuando, a través del poder del Señor, la gente que iba a morir reciba vida, y la gente que estaba sufriendo llegue a ser libre. También los hará que sean prósperos y sanos, diciéndoles: "Tú eres mi hijo que refrescas mi espíritu". Además, Dios les ayudará a obtener una gran fe como para entrar a la gloriosa ciudad de la Nueva Jerusalén, donde está ubicado el Trono de Dios. Asimismo, ¿no estarán estas mismas personas que escucharon las buenas nuevas y aceptaron a Jesucristo por medio suyo, agradecidos por lo que ha hecho por ellos?

Si las personas durante esta vida no tienen gran fe como para ser salvos, nunca tendrán una "segunda oportunidad" una vez que vayan al Infierno. En medio del sufrimiento y agonía eterna, solamente pueden sentirse tristes y lamentarse por siempre jamás.

Para que usted haya escuchado el Evangelio y aceptado al Señor, hubo inmensurable sacrificio y dedicación de muchos padres de la fe, quienes han sido asesinados con espadas, presas de feroces bestias hambrientas, o alcanzado el martirio por proclamar las buenas nuevas.

¿Qué debería hacer, entonces, ahora que sabe que ha sido salvo del Infierno? Debe tratar de hacer el mejor esfuerzo para librar muchas almas del Infierno y llevarlas a los brazos del Señor. En 1 Corintios 9:16, el apóstol Pablo confesó su misión con un corazón ardiente: *"Pues si anuncio el evangelio, no tengo por qué gloriarme; porque me es impuesta necesidad; y ¡ay de mí si no anunciare el evangelio!"*

Espero que vaya al mundo con un corazón ardiente por el Señor y salve muchas almas del castigo eterno del Infierno.

Usted ha conocido acerca de este eterno, horrible y miserable lugar llamado Infierno a través de este libro. Oro para que sienta el amor de Dios, quien no quiere perder ni una sola persona, se mantenga alerta en su propia vida cristiana, y entregue el Evangelio a todo aquel que necesite oírlo.

A los ojos de Dios, usted es más valioso que el mundo entero y más digno que todo en el universo combinado, porque fue creado a Su imagen. Por lo tanto, no debe convertirse en esclavo del pecado quien se opone a Dios y termine en el Infierno, sino llegue a ser un verdadero hijo de Dios que camine en la luz, actúe y viva de acuerdo con la verdad.

Con el mismo grado de gozo que Dios tuvo cuando creó a Adán, está observándolo también hoy. Quiere que usted alcance un corazón verdadero, madure en la fe rápidamente, y logre la medida completa de la plenitud y riqueza de Cristo.

¡En el nombre del Señor, oro para que sin demora acepte a Jesucristo y reciba las bendiciones y autoridad como un valioso hijo de Dios, de modo que pueda desempeñar el rol de sal y luz en el mundo, y conduzca muchísimas personas a la salvación!

ACERCA DEL AUTOR
Dr. Jaerock Lee

El Rev. Dr. Jaerock Lee nació en 1943 en Muan, Provincia de Jeonnam, República de Corea. A sus veinte años, él padeció de una serie de enfermedades incurables durante siete años, y al no tener ninguna esperanza de recuperación, él esperaba únicamente la muerte. Cierto día, durante la primavera de 1974, fue invitado por su hermana a una iglesia, y cuando se inclinó para orar, el Dios vivo inmediatamente lo sanó de todas sus enfermedades.

Desde el momento en que el Rev. Dr. Lee conoció a Dios a través de aquella experiencia maravillosa, él ha amado a Dios con todo su corazón y sinceridad. En 1978 él recibió el llamado a ser un siervo de Dios. Clamó fervientemente a fin de entender con claridad la voluntad de Dios y llevarla a cabo por completo, y obedeció a cabalidad la Palabra de Dios. En 1982 fundó la Iglesia Central Manmin en Seúl (Corea del Sur), e innumerables obras de Dios, incluyendo sanidades o prodigios milagrosos, han tomado lugar en la iglesia.

En 1986 el Rev. Dr. Lee fue ordenado como pastor en la Asamblea Anual de la Iglesia de Jesús de Sungkyul de Corea, y cuatro años más tarde sus sermones empezaron a ser transmitidos en Australia, Rusia, las Filipinas, y otros lugares a través de la Compañía de Radiodifusión del Lejano Oriente, la Estación de Radiodifusión de Asia, y el Sistema Radial Cristiano de Washington.

Luego de transcurridos tres años, en 1993, la Iglesia Central Manmin fue denominada por la Revista *Christian World* de EE. UU. como una de las '50 Iglesias Principales del Mundo'. El mismo año el Dr. Lee obtuvo un Doctorado Honorario en Teología en Christian Faith College, Florida, EE. UU., y en 1996 obtuvo un Ph.D. en Ministerio en el Seminario Teológico de Kingsway en Iowa, EE. UU.

Desde 1993, el Rev. Dr. Lee ha tomado la batuta en el área de las misiones mundiales a través de cruzadas evangelísticas internacionales en Tanzania, Argentina, Los Ángeles, Baltimore, Hawái, y la ciudad de Nueva York en los Estados Unidos, Uganda, Japón, Pakistán, Kenia, las Filipinas, Honduras, India, Rusia, Alemania, Perú, República Democrática de Congo, Israel y Estonia.

En el año 2002, los principales diarios cristianos de Corea lo nombraron 'el evangelista mundial' por su labor poderosa en varias Grandes Cruzadas Unidas internacionales. Su Cruzada Nueva York 2006 realizada en el Madison Square Garden, el coliseo más famoso del mundo, se transmitió a 220 naciones, y durante su Cruzada Unida Israel 2009 realizada en el Centro Internacional de Convenciones de Jerusalén, él proclamó con valentía que Jesucristo es el Mesías y Salvador. Sus sermones se transmiten a 176 naciones vía satélite, incluyendo GCN TV. Fue nombrado como uno de 'Los diez líderes cristianos con mayor influencia' en el año 2009, y en el 2010 se destacó en *InVictory,* la popular revista cristiana de habla rusa y la agencia *Christian Telegraph* por su poderoso ministerio de televisión y pastorado a nivel mundial.

Hasta Abril de 2015, la Iglesia Central Manmin cuenta con una congregación de más de 120 000 miembros; tiene 10 000 iglesias filiales locales e internacionales en el mundo entero, incluyendo 56 iglesias filiales locales y más de 123 misioneros que han sido comisionados a 23 países, entre ellos los Estados Unidos, Rusia, Alemania, Canadá, Japón, China, Francia, India, Kenia, y muchos más.

Hasta la fecha de esta publicación, el Dr. Lee ha escrito 94 libros, incluyendo algunos en lista de superventas de librería tales como *Gozando de la Vida Frente a la Muerte, Mi Vida, Mi Fe I y II, El Mensaje de la Cruz, La Medida de Fe, Cielo I Y II, Infierno,* y *El Poder de Dios.* Sus obras han sido traducidas a más de 76 idiomas.

Sus editoriales cristianos se publican en los diarios *The Hankook Ilbo, The Chosun Ilbo, The JoongAng Daily, The Dong-A Ilbo, The Munhwa Ilbo, The Seoul Shinmun, The Kyunghyang Shinmun, The Korea Economic Daily, The Korea Herald, The Shisa News,* y *The Christian Press.*

El Dr. Lee es actualmente el líder de muchas organizaciones y asociaciones misioneras, entre ellas: Presidente de la Iglesia de la Santidad Unida de Jesucristo, Presidente de la Misión Mundial Manmin, Presidente vitalicio de la Asociación de Avivamiento y Misiones Cristianas Mundiales, Fundador y Presidente de la Junta de la Red Cristiana Mundial (GCN por sus siglas en inglés), Fundador y Presidente de la Junta de la Red Mundial de Médicos Cristianos (WCDN por sus siglas en inglés), y Fundador y Presidente de la Junta del Seminario Internacional Manmin (MIS por sus siglas in inglés).

Cielo I & II

Una descripción detallada del maravilloso y vívido ambiente que los ciudadanos del Cielo disfrutarán en los cinco niveles del Reino de los Cielos, además de una hermosa descripción de cada uno de ellos.

El Mensaje de la Cruz

Un poderoso mensaje de avivamiento para todos aquellos que están espiritualmente adormecidos. En este libro encontrará la razón por la que Jesús es el único Salvador y es el verdadero amor de Dios.

Mi Vida, Mi Fe I y II

La autobiografía del Dr. Jaerock Lee proporciona un fragante aroma espiritual a los lectores a través de su vida extraída del amor de Dios que brotó en medio de olas oscuras, un yugo frío y la mayor desesperación.

Gozando de la vida frente a la muerte

El testimonio de la vida y de las experiencias del Reverendo Dr. Jaerock Lee, quien nació de nuevo y fue rescatado del valle de la muerte, y que desde entonces ha vivido una vida cristiana ejemplar.

La Medida de Fe

¿Qué tipo de lugar celestial y qué tipo de corona y recompensas están preparadas para usted en el Cielo? Este libro proporciona la sabiduría y guía para que usted mida su fe y cultive una fe mejor y más madura.